Michael Brückner

SO WERDEN SIE IHR GANZ PERSÖNLICHER KRISENMANAGER

Wie Sie mit jeder Krisensituation fertigwerden:
Inflation, explodierende Energiekosten, Blackouts,
Arbeitslosigkeit, Altersarmut

SO WERDEN SIE
IHR GANZ PERSÖNLICHER

KRISEN MANAGER

Wie Sie mit jeder Krisensituation fertigwerden:

Inflation, explodierende Energiekosten, Blackouts, Arbeitslosigkeit, Altersarmut

FBV

MICHAEL BRÜCKNER

Bibliografische Information der Deutschen Nationalbibliothek
Die Deutsche Nationalbibliothek verzeichnet diese Publikation in der Deutschen Nationalbibliografie; detaillierte bibliografische Daten sind im Internet über http://d-nb.de abrufbar.

Für Fragen und Anregungen:
info@finanzbuchverlag.de

1. Auflage 2023

Türkenstraße 89
80799 München
Tel.: 089 651285-0
Fax: 089 652096

Redaktion: Anne Büntig
Korrektorat: Manuela Kahle
Umschlaggestaltung: Marc-Torben Fischer
Satz: Zerosoft, Timisoara
Druck: CPI books GmbH, Leck
Printed in the EU

ISBN Print 978-3-95972-685-6
ISBN E-Book (PDF) 978-3-98609-319-8
ISBN E-Book (EPUB, Mobi) 978-3-98609-320-4

INHALT

VORWORT

Gemeinsam mit dem Autor des vorliegenden Buches habe ich Ende 2021 im FinanzBuch Verlag den Titel *Alle reden vom Crash. Bleiben Sie cool!* veröffentlicht. Darin haben wir vor falschen Prophezeiungen gewarnt und konkrete Tipps gegeben, wie Sie auch in Krisenzeiten Rendite erwirtschaften. Es ist also ein »Mutmacher-Buch«.

Wenige Wochen nach Erscheinen dieses Buches ist der Ukraine-Krieg ausgebrochen, und wir, die wir im so friedlich geglaubten Europa leben, mussten erkennen, dass es weitaus schlimmere Dinge gibt als Kurseinbrüche an den Börsen. Menschen sterben, andere verlieren ihre Liebsten und ihr Zuhause. Dieser Krieg wird oft als »sinnlos« bezeichnet. Ich verwende diese Formulierung bewusst nicht, denn mir ist kein Krieg bekannt, der »sinnvoll« gewesen wäre.

Am Tag des Kriegsausbruchs in der Ukraine ist Michael Brückner auf die Idee gekommen, einen Ratgeber mit dem Arbeitstitel *Ihr ganz persönlicher Risikomanager* zu verfassen. Tatsächlich steckt das Leben bekanntlich voller Risiken und »schwarze Schwäne« lauern sozusagen hinter jeder Ecke: Der Krieg in Europa, den die meisten von uns doch für unmöglich hielten, Inflationsraten in einer Höhe, wie sie nur die Älteren von uns kennen, explodierende Energiepreise, Pandemien – das sind die aktuellen Herausforderungen. Daneben gibt es die ganz persönlichen Lebensrisiken: das Risiko zum Beispiel, seinen Job zu verlieren oder als Selbstständiger zu scheitern, die Sorge vor einer drohenden Altersarmut und dramatisch steigenden Beiträgen für die Krankenversicherung.

Viele von uns versuchen, diesen Risiken zu begegnen, indem sie sich gegen alle Fährnisse des Lebens versichern. Doch nicht jede Versicherung ist sinnvoll. Was in letzter Konsequenz dazu führt, dass wir eine Überversicherung riskieren und viel Geld für Schutzschirme ausgeben, die wir an und für sich gar nicht brauchen. Auch auf dieses Thema geht Michael Brückner in seinem Ratgeber ein.

In unserem eingangs erwähnten Buch warnen wir ausdrücklich davor, Crash- und Untergangspropheten auf den Leim zu gehen. Denn die Angst – vor allem die von interessierten Kreisen geschürte – führt zur Paralyse und ebnet nicht den Weg zu persönlichen Lösungen. Auch Michael Brückner will individuelle Lösungen aufzeigen, die freilich eine ganz persönliche Risikoanalyse voraussetzen. Dazu leistet dieses Buch einen wertvollen Beitrag.

Panik und Alarmismus führen in schwierigen Zeiten nicht weiter; gefragt sind nicht die kalten Füße, sondern der kühle Kopf. Auf den nachfolgenden Seiten erfahren Sie, wie Sie sich gezielt gegen die allgemeinen Lebensrisiken absichern können. Letztlich muss jeder Einzelne selbst entscheiden, was er umsetzen will. Das Buch enthält wichtige Tipps, wie man sich in einer persönlichen Krise verhalten sollte, was in welcher Situation zu tun ist. Es ist mithin ein nützliches Brevier gerade in schwieriger werdenden Zeiten.

Und es macht auch Mut. Denn ungeachtet der Vielzahl von geopolitischen und wirtschaftspolitischen Problemen, mit denen wir seit Monaten und Jahren konfrontiert sind, bin ich immer wieder beeindruckt, wie resilient sich die Börsen zeigen. Natürlich kommt es aufgrund der aktuellen Geschehnisse hier und da zu Kursverlusten. Verglichen mit den Crashs vergangener Jahre halten sich diese aber durchaus in Grenzen. Auch dies sollte uns Mut machen. Vielleicht denken wir gerade dann, wenn wir mit persönlichen Schicksalsschlägen konfrontiert werden, an den deutschen Philosophen Friedrich Nietzsche (1844 – 1900), der einmal goldrichtig feststellte: »Hindernisse und Schwierigkeiten sind Stufen, auf denen wir in die Höhe steigen«.

Ich wünsche Ihnen eine erkenntnisreiche Lektüre.

Ihr
Antonio Sommese
Finanzstratege und Autor
www.sommese.de

Abbildung 1: *Schwarze Schwäne mögen niedlich sein – inzwischen stehen Sie aber für unvorhersehbare Krisen mit zum Teil weltweiten Konsequenzen. Bildnachweis: PantherMedia/AllaSerebrina/Archiv Brückner*

EINLEITUNG

Wohl selten zuvor wurden die Menschen fast zeitgleich mit so vielen schwerwiegenden Krisen konfrontiert wie in den vergangenen Jahren. Erst kam die Corona-Krise mit ihren weitreichenden Folgen, dann der Ukraine-Krieg, die rapide steigende Inflation, und später folgten noch die Ängste vor einer globalen Rezession. Ein lebensbedrohendes Virus, Quarantäne, ein brutaler Krieg gleichsam vor der eigenen Haustür, in den sogar eine Atommacht involviert ist, und Inflationsraten, die in manchen Ländern Europas bereits zweistellig sind – das sind für viele ganz neue Erfahrungen. Erfahrungen, die Angst machen. Wenn in der Vergangenheit Kriege oder Seuchen ausbrachen, dann in fernen Regionen. Und Inflation schien kein Thema mehr zu sein.

»Die Welt steht kopf. Haushalte, Unternehmen und Investoren ächzen ob der hohen Inflation, in Europa wird Krieg geführt, in Asien mit den Säbeln gerasselt. Die Träume des ewigen Friedens, einer globalisierten Wirtschaft in einer demokratischen Welt und einer kostenlosen Energiewende sind geplatzt«, schreibt goldrichtig der Schweizer Privatbankier Christof Reichmuth. Er nennt es Delir, also Verwirrung und Desorientierung[1].

In der Tat: Was wir derzeit erleben, sind Krisen, die für die meisten von uns unbekannt sind, die uns verwirren. Unbekannt sind sie in dem Sinne, dass wir Ähnliches noch nicht persönlich erlebt haben, sondern allenfalls aus den Geschichtsbüchern kennen. Und dieses Unbekannte, dieses bisher persönlich noch nie Erlebte, ruft bei vielen von uns eine Art destruktive Angst hervor, die uns mehr und mehr in einen permanenten Alarmzustand versetzt.

Angst an sich ist nichts Negatives, schreibt die Diplom-Psychologin und Autorin Bettina Böhm. Konstruktive Angst stelle einen inhärenten Schutz und eine innere Vorsicht dar, »der es uns Menschen und nach Aussagen von Verhaltensforschern Tieren ebenso ermöglicht, zu überleben«[2]. Daneben plagen uns aber die erwähnten destruktiven Ängste. Das sind die Ängste vor dem Unbekannten, vor dem Ungewissen, vor dem Abstrakten. Wir haben Angst vor dem Älterwerden und zum Pflegefall für Angehörige zu werden. Natürlich werden wir älter. Tag für Tag. Indem diese Angst ständig in unseren Köpfen kreist, werden wir das nicht verhindern. Wem es nicht gelingt, dieses Gedankenkarussell zu stoppen und auch in schwierigen Zeiten an schöne Dinge zu denken, an liebe Menschen, an ein spannendes Hobby, an sportliche Betätigung oder den nächsten Urlaub, der läuft Gefahr, dass aus seinen Ängsten am Ende Verzweiflung wird. Die diffuse Angst vorm Älterwerden ist destruktiv. Konstruktiv hingegen ist der rechtzeitige Aufbau einer soliden Altersversorgung, um auch im Ruhestand das Leben genießen zu können.

Wir können die großen Krisen in der Politik, in der Wirtschaft und Gesellschaft nicht managen. Wohl aber können wir die Auswirkungen solcher Krisen auf unser Leben, unser Wohlbefinden und unseren Wohlstand managen – durch Information und rechtzeitiges Handeln. Personen, die sich auf eventuelle Krisen vorbereitet haben, können mit ihr in der Regel besser umgehen als diejenigen, welche ohne jede Vorbereitung in eine Krise hineinkatapultiert werden. Wie reagieren Menschen auf Krisen, die über sie hereinbrechen? Meist sehr unterschiedlich. Bekannt sind die folgenden fünf Verhaltensmuster:

1. Sie ignorieren das Risiko und blenden die Gefahr, so lange es eben geht, aus (Prinzip »Verleugnung oder Ablehnung«).
2. Sie schieben die anstehende Reaktion auf die Krise auf in der Hoffnung, die richtige Lösung noch zu finden (Prinzip »Überlegen und Zögern«).
3. Trial and error: Sie probieren Lösungen aus, ändern Ihre Meinung und Orientierung (Prinzip »Hektik statt Strategie«).
4. Sie konzentrieren sich auf einzelne Faktoren der Krisensituation und erkennen nicht mehr die Zusammenhänge (Prinzip: »Vereinfachung«).
5. Sie bewerten die Krisensituation und analysieren, inwieweit sie gegen das Problem bereits abgesichert sind oder was sie noch unternehmen können, um die Folgen der Krisen abzuwenden oder zumindest abzumildern (Prinzip: »Analytische Reflexion«).

Ziel des vorliegenden Buches ist es, dass Sie nach Möglichkeit mit dem fünften Verhaltensmuster, der einzig erfolgversprechenden Reaktion, der Krise begegnen. Werden Sie Ihr ganz persönlicher Krisenmanager.

KAPITEL 1
SO TROTZEN SIE DER INFLATION

»Die natürliche Tendenz eines Staates ist Inflation«[3], stellte einst der US-amerikanische Ökonom und politische Philosoph Murray Rothbard goldrichtig fest. In der Tat neigen Politiker und viele Notenbankchefs und -chefinnen – allen voran EZB-Präsidentin Christine Lagarde – dazu, mit einer ultralockeren Geldpolitik politische Probleme zu lösen. Ob es nun um die sogenannte Eurorettung ging oder in jüngerer Vergangenheit um die Eindämmung der wirtschaftlichen Konsequenzen der Corona-Pandemie – immer floss das Geld in Strömen. Inflation? Das schien lange kein Thema mehr zu sein, und die Statistik bestätigte diese Einschätzung. Machte die Inflationsrate in der Eurozone im Jahr 2011 noch 2,7 Prozent aus, so fiel sie 2020 auf 0,3 Prozent.[4] Infolge der Lockdowns im Zusammenhang mit der Corona-Krise tauchte sie vorübergehend sogar in den negativen Bereich ab, weil die Menschen angesichts geschlossener Geschäfte und Restaurants einfach weniger Geld ausgeben konnten.

Dann aber trat der Ketchup-Flaschen-Effekt ein. Sie kennen das: Man öffnet eine Flasche Ketchup, positioniert sie über einem Teller und schlägt vorsichtig auf den Flaschenboden. Nichts geschieht, allenfalls läuft etwas Flüssigkeit heraus. Man klopft etwas stärker gegen den Flaschenboden – und plötzlich ergießt sich fast die Hälfte des Flascheninhalts auf den Teller.

Auf die Inflation übertragen, trat dieser Effekt spätestens im Frühjahr 2022 ein. Plötzlich schnellte die Preissteigerungsrate auf über 7 Prozent. Die Folgen der erwähnten jahrelangen ultralockeren Geldpolitik, der Corona-Krise und des Kriegs in der Ukraine brachen sich nun Bahn. Hieß es nach den ersten erkennbaren inflationären Tendenzen, dies sei nur eine »transitorische«, also vorübergehende, Entwicklung, so wurde spätestens im Laufe des Jahres 2022 klar, dass die Inflation sehr wohl wieder ein beunruhigendes Thema war – und wohl auch bleiben wird.

Vor allem die Deutschen sind in Sachen Inflation geradezu gebrannte Kinder. Nach dem Ersten Weltkrieg setzte in Deutschland die Hyperinflation[5] ein. Sie raubte den Menschen die letzten Ersparnisse. Um den Ersten Weltkrieg zu finanzieren, hatte sich die Regierung bei ihren Bürgern durch die Ausgabe von Kriegsanleihen massiv verschuldet – zu hoch, um die Schulden seriös abtragen zu können. Also bediente man sich eines vermeintlich probaten Mittels, um das Problem zu lösen: Der Staat warf die Notenpresse an. Immer mehr Geld wurde gedruckt – Geld, das immer weniger wert war. Am 2. August 1922 mussten für 1 US-Dollar nicht weniger als 860 Mark gezahlt werden, vier Wochen später waren es bereits 1.990 Mark. Während die Deutschen ihre Löhne, Gehälter und Renten in immer wertloserem Papiergeld ausgezahlt bekamen, waren die Reparationszahlungen infolge des Ersten Weltkriegs in harten Devisen oder Gold zu leisten.

Anfang Juni 1923 musste der damalige Reichsbankpräsident Rudolf Havenstein einräumen, dass der Kampf ums Geld verloren war. Die Preise liefen den Löhnen und Gehältern buchstäblich davon. Für ein Roggenbrot hatten die Deutschen im Herbst 1922 noch 23 Mark zahlen müssen. Im Juli 1923 berechneten die Bäcker rund 2.000 Mark. Für ein Straßenbahnticket musste man im Juli 1923 sage und schreibe 1.000 Mark berappen. Doch es sollte noch viel schlimmer kommen. Im Herbst 1923 kostete das Brot 260 Millionen Mark. Immer mehr Unternehmen bezahlten ihre Arbeiter und Angestellten täglich. Deren Frauen warteten mit Waschkörben und Koffern, um den milliardenschweren Lohn gleich in Empfang zu nehmen und davon Lebensmittel zu kaufen. Denn schon am Abend konnte alles wieder erheblich teurer sein.

Der Schriftsteller Hans Fallada (1893 – 1947) brachte es literarisch auf den Punkt: »Irgendwo in dieser Stadt stand eine Maschine und erbrach Tag und Nacht Papier über die Stadt. ›Geld‹ nannten sie es. Sie druckten Zahlen darauf, wunderbare, glatte Zahlen mit vielen Nullen, die immer runder wurden. Und wenn du gearbeitet hast, wenn du dir etwas erspart hast auf deine alten Tage – es ist alles wertlos geworden. Papier und Dreck.«[6]

Das Ende dieser Hyperinflation ist weithin bekannt: Im Herbst 1923 kam es zur Währungsreform mit der Ausgabe der Rentenmark. Aus der Rentenmark wurde schließlich die Reichsmark. Diese war durch Gold und wertbeständige Devisen gedeckt, was ihr ein bemerkenswertes Maß an Stabilität verlieh. In Deutschland begann eine prosperierende Phase, die unter dem Begriff »Goldenen Zwanziger Jahre« in die Geschichtsbücher einging, und die erst mit dem Ausbruch der Weltwirtschaftskrise im Jahr 1929 endete.

Während und nach dem Zweiten Weltkrieg kam es sozusagen zu einer »verschleierten« Inflation in Deutschland. Um die Kriegsführung zu finanzieren, stieg die Staatsverschuldung und damit die Geldmenge massiv. Mithilfe von Preisstopps, Lohnfestsetzungen, Rationierungen und der Ausgabe von Bezugsscheinen kaschierten die Verantwortlichen längere Zeit die Hyperinflation. Spätestens nach dem Ende des Zweiten Weltkriegs wurde die massive Geldwertvernichtung aber offenkundig. Es folgte die Währungsreform von 1948. Konkret wurde die D-Mark eingeführt und im Verhältnis 1:10 gegen Reichsmark eingetauscht. Die Konsequenz: Sparer und Besitzer von Geldvermögen wurden faktisch weitgehend enteignet.

Kein Wunder also, dass die Furcht vor Inflation in Deutschland generationenübergreifend erhalten blieb. Allein die junge und mittlere Generation, die nur aus den Geschichtsbüchern von den beiden vernichtenden Inflationswellen in Deutschland erfahren hat, blickt oft relativ gelassen auf die Inflationsentwicklung – zumindest solange, wie die Preise allenfalls moderat steigen und durch höhere Löhne und Gehälter ausgeglichen oder sogar überkompensiert werden.

Natürlich ist die Situation der vergangenen Jahre nicht mit der Hyperinflation in Deutschland nach den beiden Weltkriegen vergleichbar. Aber täuschen Sie sich nicht: Selbst scheinbar geringe Inflationsraten vernichten den Wert Ihres Geldes, besonders in Zeiten extrem niedriger Zinsen. Normalerweise steigen bei emporschnellenden Inflationsraten auch die Zinsen. Der Kaufkraftverlust für Ihre Spareinlagen wird zumindest zu einem Teil ausgeglichen. Doch seit der Staatsschulden- und Eurokrise ist eben nichts mehr normal. Sparer bekommen für Ihre Rücklagen kaum noch Guthabenzinsen (dadurch fällt auch der für einen langfristigen Vermögensaufbau so wichtige Zinseszinseffekt sehr gering aus). Hohe Inflationsraten (und die inzwischen weitgehend wieder abgeschafften) Negativzinsen sind nicht zu unterschätzende Vermögensvernichter.

Doch grau ist alle Theorie. Schauen wir uns einmal mithilfe der Tabelle 1 genauer an, wie sehr selbst eher moderate Inflationsraten die Kaufkraft Ihrer Ersparnisse vernichten.

Tabelle 1: *Das bleibt – gemessen an der Kaufkraft – von einem ursprünglichen Guthaben von 10.000 Euro nach X Jahren (Beträge auf Euro gerundet)*

Inflationsrate →	3 %	5 %	6 %
Nach 3 Jahren	9.151	8.638	8.396
Nach 4 Jahren	8.884	8.227	7.921
Nach 5 Jahren	8.626	7.835	7.473
Nach 6 Jahren	8.375	7.462	7.049

Quelle: zinsen-berechnen.de/inflationsrechner.php

Ein anderes Beispiel: Nehmen wir an, Sie möchten sich ein neues Auto für 30.000 Euro kaufen. Da Sie aber im Augenblick nicht flüssig sind und das alte Fahrzeug noch ganz gut in Schuss ist, verschieben Sie die Abschaffung um 2 Jahre. Unterstellen wir während dieser Zeit (also 2 Jahre) eine durchschnittliche Inflationsrate von nur 4 Prozent p. a., dann müssten Sie – sofern Ihnen der Händler nicht entgegenkommt – bezogen auf die künftige Kaufkraft 32.448 Euro zahlen. Das heißt, eine vergleichsweise geringe Inflationsrate von 4 Prozent kostet Sie in nur 2 Jahren 2.448 Euro.

AKTIEN ALS INFLATIONSSCHUTZ

Neben Edelmetallen wie etwa Gold, Platin und Palladium sowie Immobilien zählen Aktien zu den klassischen Sachwerten, denen der Ruf vorauseilt, weitgehend inflationsgeschützt, zumindest aber resilient, also widerstandsfähig, gegenüber der Vernichtung des Geldwertes zu sein. Wer sein Geld auf ein Sparkonto einzahlt, kann leicht ausrechnen (siehe oben angeführte Beispiele), wie rasant seine Rücklagen an Kaufkraft verlieren. Wer hingegen eine

Aktie erwirbt, wird Mitinhaber eines Unternehmens; und zu dessen Assets gehören Immobilien, Maschinen, Fabrikationshallen, wertvolle Patente und so weiter. Obendrein bekommt ein Aktionär – wenn die Geschäfte gut laufen – noch eine ansehnliche Dividende. Dividenden seien die neuen Zinsen, heißt es seit Beginn der Niedrig- und Nullzinsphase oft, und dem kann man kaum widersprechen. Dank der Dividendenzahlungen darf sich der Anleger also über laufende Renditen freuen, während er bei einem Goldinvestment nur auf eine Preissteigerung des gelben Edelmetalls hoffen darf.

Aber natürlich gehen deutlich steigende Inflationsraten auch am Aktienmarkt nicht spurlos vorbei. Denn je stärker die Geldwertvernichtung in die Höhe schnellt, desto größer ist die Gefahr von steigenden Zinsen. Und wenn die Notenbanken mit diesen Zinsschritten allzu lange zögern, müssen sie später um so kräftiger auf die Bremse treten, was eine Rezession mit abstürzenden Aktienkursen und das Aussetzen von Dividendenzahlungen zur Folge haben kann. Geringere Inflationsraten – etwa 2 bis 3 Prozent – können Aktienmärkten in der Regel wenig anhaben, geht die Inflation jedoch in den sprichwörtlichen Galopp über, wird es auch an den Börsen ungemütlich.

Freilich gerät nicht jede Aktie gleichermaßen unter die Räder. Steigt die Inflation, so schlägt die Stunde der sogenannten Substanzaktien, bei denen man »weiß, was man hat« (um den Slogan einer früheren Waschmittelwerbung zu zitieren). Selbst in schwierigen Zeiten braucht der Mensch Nahrung, Getränke, er muss seine Wohnung heizen, benötigt Produkte zur Körperhygiene, Haushaltsgeräte et cetera. Kurzum: Ob die Wirtschaft eines Landes boomt oder in eine Rezession abstürzt – die Verbraucher sind auf die Güter des täglichen Bedarfs angewiesen.

Als besonders widerstandsfähig in Zeiten hoher Inflationsraten erweisen sich somit die Aktien der Hersteller von täglichen Bedarfsgütern. Dies umso mehr, je stärker die Macht der Marke ist, die hinter dem Produkt der betreffenden Firma steht. »Marken machen Margen«, heißt es oft – und das mit Recht. Denn mit einer starken, emotional aufgeladenen Marke verbinden viele Verbraucher ein Qualitätsversprechen. Eben das erwähnte Beispiel aus längst vergangenen Zeiten: »Persil, da weiß man, was man hat«. Der Konsument ist daher bis zu einem gewissen Grad bereit, gegebenenfalls tiefer in die Tasche zu greifen, als ein qualitativ weniger hochwertiges Produkt oder eines mit geringerem Imagefaktor zu kaufen. Für das Unternehmen hat dies den angenehmen Vorteil, dass inflationäre Effekte zum Beispiel beim Einkauf von Vorprodukten auf den Kunden in Form höherer Preise abgewälzt werden können. Bisweilen wird der Preisauftrieb für das Unternehmen über den Preis für den Endkunden sogar überkompensiert. Das heißt, bei der Kalkulation wird noch etwas mehr draufgeschlagen als angesichts der erhöhten Einkaufspreise an und für sich sein müsste. In diesem Fall verdient das Unternehmen mehr als zuvor, wovon nicht zuletzt auch die Aktionäre in Form von steigenden Aktienkursen und höheren Dividendenzahlungen profitieren können.

Allerdings geht diese Rechnung nur auf, wenn – wie erwähnt – die Kunden loyal zu einer bestimmten Marke stehen und nicht bei einer Preiserhöhung sogleich ein billigeres Konkurrenzprodukt vorziehen. Um sich diese Kundentreue nachhaltig zu sichern, bedarf es freilich mehr als nur einer imagestarken Marke (Beispiel: Apple). Es ist zwar unbestritten, dass sich eine Marke durch gezielte Marketingaktivitäten emotional aufladen lässt, doch früher oder später wird jede Marketingblase platzen, wenn die Qualität des Produktes nicht stimmt oder das Unternehmen anderweitig in Verruf gerät und dadurch einen Imageschaden davonträgt. Dann ist es schnell vorbei mit der Preissetzungsmacht; inflationsbedingte Preissteigerungen schlagen in diesem Fall in der Regel auf die Erträge durch und belasten den Gewinn des Unternehmens. Zusammenfassend lässt sich mithin feststellen: Inflationsschutz bieten Aktien nur dann, wenn die entsprechenden Unternehmen

1. Produkte des täglichen Bedarfs herstellen, auf die kein Konsument verzichten kann.
2. über ein gutes Image verfügen.
3. eine starke Markenmacht aufweisen.
4. den Kunden dauerhaft hohe Qualität und guten Service bieten, für die Konsumenten bereit sind, bis zu einem gewissen Umfang auch höhere Preise zu zahlen, was dem Unternehmen eine hohe Preissetzungsmacht sichert.

Wie erwähnt, sind Aktien von Unternehmen, die Produkte des täglichen Bedarfs herstellen, in Inflationszeiten aus Sicht von Anlegern klar von Vorteil. Dazu gehören – um an dieser Stelle nur ein paar Beispiele zu nennen – die Aktien von Unilever, L'Oréal, Colgate-Palmolive und Nestlé. Auch in der Pharmabranche findet man manche versteckte »Perle«, wie etwa Novo Nordisk, den Weltmarktführer im Insulingeschäft. Hinzu kommen interessante Titel von Aktiengesellschaften mit einem cleveren Geschäftsmodell. Dazu gehört zum Beispiel Samsung Electronics; die Südkoreaner produzieren nämlich nicht nur Smartphones, Notebooks, Kühlschränke und Waschmaschinen sowie für die Medizin Sonografie- und CT-Geräte, sondern darüber hinaus große Mengen an Chips und Displays. Dadurch verdient Samsung sogar dann, wenn der Kunde sich für ein Konkurrenzprodukt entscheidet, das aber mit Chips oder Displays von Samsung ausgestattet ist.

Und schließlich noch ein Beispiel, das Sie in diesem Zusammenhang wohl nicht erwartet haben: Eine der stärksten Marken der Welt ist die Fastfood-Kette McDonald's, was sich in beeindruckender Weise in der Entwicklung des Aktienkurses widerspiegelt. Zwischen 1999 und Ende 2021 legte das Papier des Burger-Giganten um satte 565 Prozent zu. Konkret: Die Aktie stieg im genannten Zeitraum von 40,31 auf 268,07 US-Dollar.[7] Damit hat McDonald's sogar den Goldpreis outperformt, der zwischen 1999 und 2021 um rund 526 Prozent gestiegen ist.

Doch wer immer der Inflation mit Aktien ein Schnippchen schlagen möchte, sollte zweierlei bedenken:

1. Je höher die Inflationsrate, desto schwieriger wird es auch für Unternehmen mit großer Preissetzungsmacht, Preiserhöhungen im Einkauf und so weiter in vollem Umfang oder zum überwiegenden Teil an die Konsumenten weiterzugeben.
2. So robust und zukunftsorientiert das Geschäftsmodell eines Unternehmens auch sein mag, wer in Aktien investiert, sollte bedenken, dass der Werterhalt oder die Wertsteigerung in Inflationszeiten nur eintritt, wenn sich die grundsätzliche Bewertung der Papiere nicht signifikant verändert. Rasant steigende Zinsen zum Beispiel oder auch andere »schwarze Schwäne« könnten die Bewertung für Aktien abstürzen lassen. Insofern sollten Sie Ihr »Inflationsdepot« breit streuen und maximal 20 bis 25 Prozent Ihres Vermögens in Substanzaktien von Unternehmen mit starken und imageträchtigen Marken investieren.

Bleibt am Ende die Frage, welche Marken zu den wertvollsten der Welt zählen. Hier die aktuellen Top 20 (Stand 2022):

1. Apple
2. amazon.com
3. Microsoft
4. Google (Alphabet Inc.)
5. Samsung
6. Coca-Cola
7. Toyota
8. Mercedes-Benz
9. McDonald's
10. Disney
11. Nike
12. BMW
13. Louis Vuitton
14. Tesla
15. Facebook
16. Cisco
17. Intel
18. IBM
19. Instagram
20. SAP[8]

Fazit: Aktien von Unternehmen, die über starke Marken mit hoher Kundenloyalität verfügen und Produkte des täglichen Bedarfs auf den Markt bringen, verfügen über eine hohe Preissetzungsmacht. Sie erweisen sich in inflationären Zeiten in der Regel als stabil und sind somit für ein inflationsgeschütztes Depot bis zu einem Umfang von 20 bis 25 Prozent geeignet.

GOLD - WIRKLICH »EIN SICHERER HAFEN«?

Am 24. Februar 2022 startete die russische Armee zum Entsetzen nicht nur der westlichen Welt ihren noch wenige Tage zuvor von den meisten Beobachtern nicht für möglich gehaltenen Angriff auf die Ukraine, der in den folgenden Wochen gefährlich eskalierte. Vielleicht war die Menschheit einem Dritten Weltkrieg, einschließlich des Einsatzes von Atomwaffen, noch nie so nahe wie im Frühjahr des Jahres 2022. Und nicht nur das: Auch die Corona-Krise war noch nicht überstanden, und in zahlreichen Staaten erreichten die Inflationsraten wieder ein Niveau, das man kaum noch für möglich gehalten hatte. Hinzu kamen im Sommer 2022 die Spannungen zwischen China und Taiwan. Eigentlich ist das ein ideales Umfeld für deutlich steigende Goldpreise, denn das gelbe Edelmetall ist – wie es immer wieder heißt – »ein sicherer Hafen«. Ist es das wirklich?

Tatsächlich wurde zum Jahreswechsel 2021/22 eine ungewöhnlich starke Nachfrage nach Goldmünzen, vor allem nach dem Krügerrand, festgestellt.[9] Das war also noch Wochen vor Beginn des russisch-ukrainischen Kriegs. Nach Ausbruch des Kriegs stieg der Goldpreis zwar, um wenig später aber wieder zu fallen. Schon im Jahr zuvor (2021) hatte sich der Preis für dieses Edelmetall als äußerst volatil, also schwankungsfreudig, erwiesen. Hohe Inflationsraten, Krieg in Europa, gestörte Lieferketten, die Folgen der Corona-Krise – an und für sich hätte der Goldpreis in einer solchen Situation gleichsam durch die Decke gehen müssen. Denn wann, wenn nicht in einem solchen Umfeld, sollten Anleger »sichere Häfen« wie Gold aufsuchen? Dass der Goldpreis vorübergehend zwar stieg, um danach wieder zu fallen, ist für Kritiker von Goldinvestments ein deutliches Indiz dafür, dass Gold eben keine Krisen- und

Anti-Inflationswährung ist. Haben diese Kritiker recht? Ja, wenn sie ihre Betrachtung nur auf eine kurze Zeitspanne von wenigen Wochen oder Monaten konzentrieren. Nein, wenn sie die langfristige Preisentwicklung des gelben Edelmetalls unter die Lupe nehmen.

Ungeachtet der erwähnten Volatilität erzielte Gold zwischen Frühjahr 2021 und Frühjahr 2022 eine Performance von 13,64 Prozent[10] (berechnet auf US-Dollar-Basis). Damit ließ sich die Inflationsrate in Deutschland locker ausgleichen. Ist Gold also doch ein sicherer Hafen, trotz mitunter heftiger Schwankungen? Schauen wir uns hierzu zunächst die Entwicklung des Goldpreises in verschiedenen Finanzkrisen an und vergleichen diese mit der Performance des Aktienindex MSCI World (Tabelle 2).

Tabelle 2: *So reagierte der Goldpreis in Krisenfällen*

Event (Finanzkrise)	Zeitraum	Rendite MSCI in Prozent	Rendite Gold in Prozent
Schwarzer Montag	August 1987 bis Januar 1988	-24,5	- 7,9
Immobilienkrise in Japan	September 1989 bis August 1990	-36,9	-13,4
Finanzkrise in Russland	April 1998 bis September 1998	-16,5	-12,2
Platzen der New-Economy-Blase	August 2000 bis März 2003	-53,0	+ 4,1
US-Immobilienkrise und weltweite Finanzkrise	Oktober 2007 bis März 2009	-46,1	+ 33,8
Eurokrise	Februar 2011 bis November 2011	-17,8	+28,7

Quellen: Finanztip, Bundesbank, MSCI

Diese Gegenüberstellung zeigt, dass Gold in jedem Fall eine Krisenwährung ist. Aber bietet es auch Schutz vor galoppierender Inflation? Nicht immer besteht eine unmittelbare Korrelation zwischen der Teuerungsrate und dem Goldpreis. Mitunter entwickelt sich der Preis für das Edelmetall sogar anders als erwartet, wie etwa 2021. Unter dem Strich gab der Goldpreis in diesem Jahr sogar leicht nach (Jahresperformance auf US-Dollar-Basis: -4,16 Prozent). Von einem Inflationsausgleich konnte damals also keine Rede sein. Mitunter reagiert der Preis für das Edelmetall auch mit zeitlicher Verzögerung.

Wie stark der Goldpreis steigt, hängt darüber hinaus nicht zuletzt von der Zinsentwicklung ab. Steigen die Zinsen – etwa infolge hoher Inflationsraten – wird Gold als Anlagemedium tendenziell unattraktiver, weil dann wieder verzinste Anlageformen eine höhere Rendite abwerfen als das unverzinste Gold.

Beachten sollten Sie zudem, wie sich die Inflationsrate entwickelt. »Bei einer Inflation von, sagen wir, 2 bis 4 Prozent bewahrt das Gold in der Regel den Anleger zwar vor dem Kaufkraftverlust des offiziellen Geldes. Aber beispielsweise erzielen dann Aktienanlagen nicht selten höhere Renditen, sind also ein vergleichsweise besserer Inflationsschutz«, räumt Thorsten Polleit, Chefvolkswirt des Edelmetall-Händlers Degussa ein. Anders sehe es hingegen bei höherer Inflation aus, vor allem bei Hoch- und Hyperinflation. Dann gingen Unternehmen reihenweise Pleite, und auch Besitzer von vermieteten Immobilien hätten das Nachsehen.[11]

Auf lange Sicht bewährt sich Gold als Inflationsschutz. So verweist zum Beispiel der World Gold Council (WGC) auf den Zeitraum seit Anfang der 1970er Jahre, als das Bretton-Woods-System endete und die Bindung des US-Dollars an das Gold entfiel. Seither sei der Goldpreis trotz mancher Rückschläge im Schnitt um rund 11 Prozent p. a. gestiegen, so der WGC. Damit habe die Wertentwicklung während dieses langen Zeitraums im Schnitt über den Inflationsraten in den USA und weltweit gelegen.[12]

Apropos Dollar: Gold wird nach wie vor in US-Dollar gehandelt, daher haben auch die Wechselkurse, insbesondere das Verhältnis Dollar zu Euro, einen entscheidenden Einfluss auf die Entwicklung des Goldpreises. Ein starker Dollar wirkt sich in der Regel negativ auf die Goldpreisentwicklung in Euro aus, ein schwacher Dollar eher positiv. Käufer in Europa und in Asien nutzen vor allem Phasen mit einem schwachen Dollar-Kurs, um in Gold zu investieren.

Last but not least ist ein Gold-Investment auch aus steuerlicher Sicht interessant. Wenn Sie Anlagegold (siehe **Infokasten** »Mehrwertsteuerfreies Anlagegold«) erwerben, zahlen Sie im Gegensatz etwa zu Silber oder Platin keine Mehrwertsteuer. Gewinne aus dem Verkauf von Goldbarren oder -münzen sind nach einem Jahr steuerfrei (Spekulationsfrist). »Papiergold«, also zum Beispiel Goldminenaktien, unterliegen der Abgeltungsteuer. Eine Sonderstellung nimmt Xetra-Gold ein. Dabei handelt es sich um eine Exchange-traded-Commodity, also um ein börsengehandeltes Wertpapier (nennwertlose Anleihe) auf Goldbasis. Steuerlich ist Xetra-Gold Goldmünzen und -barren gleichgestellt.

Mehrwertsteuerfreies Anlagegold

Anlagegold kann in Deutschland und Österreich mehrwertsteuerfrei erworben werden. Dazu gehören Goldbarren (unabhängig von Größe beziehungsweise Gewicht) sowie Goldmünzen, sofern sie die folgenden Voraussetzungen erfüllen:

- Der Feingehalt der Goldmünze muss mindestens 900/1000 betragen.

- Die Prägung der Goldmünze muss nach dem Jahr 1800 erfolgt sein.
- Im Ursprungsland der Münze muss sie ein gesetzliches Zahlungsmittel sein oder gewesen sein.
- Der Preis für die Goldmünze darf nicht mehr als 80 Prozent über dem Preis des enthaltenen Goldes liegen.

Die bekanntesten Anlagegold-Münzen

Krügerrand (Südafrika). Die bekannteste und beliebteste Anlagemünze. Sie enthält einen kleinen Anteil Kupfer, um die Münze kratzfester zu machen. Dadurch erhöht sich das Rohgewicht auf 33,93 Gramm. Besonders gefragt und daher etwas teurer (Sammleraufschlag) sind Krügerrand-Münzen aus den Anfangsjahren mit geringen Auflagen (1967 bis 1969).

Philharmoniker (Österreich). Die einzige Anlagemünze aus einem Euro-Land. Sie lautet auf Euro, bei Sammlern besonders begehrt sind jedoch Philharmoniker-Münzen mit der Wertangabe in der ehemaligen österreichischen Währung Schilling.

Maple Leaf (Kanada). Erstmals geprägt 1979. Der Name steht für das Blatt des Zucker-Ahorns.

American Buffalo (USA). Erstmals 2006 geprägt. Auch in höchster Prägequalität (Polierte Platte) erhältlich mit dem Münzzeichen »W« für den Ort der Prägeanstalt in West Point (New York).

Panda (China). Zweitälteste Anlagemünze der Welt (nach der kanadischen Gold Maple Leaf) mit dem Feingehalt von 999,9 (»four nine fine«).

Lunar (Australien). Anlagemünze mit jährlich wechselndem Motiv auf der Rückseite, das sich an den chinesischen Tierkreiszeichen orientiert.

Fazit: Unabhängig von der kurz- bis mittelfristigen Preisentwicklung ist und bleibt Gold ein wichtiger Wertspeicher, ein Depot-Stabilisator, der in jedes Portfolio gehört. Die folgenden Faktoren beeinflussen wesentlich den Goldpreis:

1. *Inflation:* Je höher die Inflation, desto wichtiger ist Gold als Stabilisator im Depot.
2. *Geopolitische Krisen:* Kriege – vor allem in geopolitisch äußerst sensiblen Regionen, bei denen auch Atommächte involviert sind.
3. *Zinsentwicklung:* Bei steigenden Zinsen sinkt tendenziell der Goldpreis.
4. *Wechselkurs-Relationen:* Ein starker Dollar wirkt sich negativ auf den Goldpreis aus.

DIE »WEISSEN EDELMETALLE«

Gold werde gesammelt, die »weißen Edelmetalle« würden hingegen verbraucht, ist häufig zu hören. Ebenso: Silber ist das bessere Gold. Ich will mich diesen pauschalen und oftmals auch von wirtschaftlichen Interessen geleiteten Einschätzungen nicht pauschal anschließen, wohl aber bin ich der Überzeugung, dass in einem gut strukturierten Edelmetall-Depot eben auch Silber und Palladium und/oder Platin nicht fehlen sollten. Zunächst zu den Nachteilen der »weißen Edelmetalle«. Bei deren Kauf fällt 19 Prozent (in Österreich 20 Prozent) Mehrwertsteuer an. Das heißt im Klartext: Der Wert des Barrens oder der Münze muss zunächst einmal um 19 Prozent steigen, damit Sie wieder den Einstiegspreis erreichen. Natürlich können Sie Ihre Silber-, Platin- oder Palladium-Bestände in Zollfreilagern, zum Beispiel in der benachbarten Schweiz, aufbewahren lassen. In diesem Fall zahlen Sie für den Erwerb der »weißen Edelmetalle« keine Mehrwertsteuer. Nur bei der Abholung oder Auslieferung der Weißmetalle kommt der Steuersatz des jeweiligen Landes zur Anwendung.

Das heißt konkret: Die Edelmetalle werden im Ausland gelagert, sie sind zwar Ihr Eigentum, Sie haben aber keinen sofortigen, unmittelbaren Zugriff darauf. Im Mittelpunkt dieses Buches steht jedoch Ihr ganz persönliches Krisenmanagement, und dazu gehört, immer sehr kurzfristig über Ihre Anlagen verfügen zu können. In friedlichen Zeiten mag ein Zollfreilager eine interessante, steuerlich optimierte Form der Anlage in Weißmetalle sein, in Krisenzeiten erscheint diese Aufbewahrung aber weniger attraktiv.

Bis 2014 mussten Sie für Silbermünzen und sogenannte Münzbarren nur 7 Prozent Mehrwertsteuer zahlen. Damit ist es seither vorbei, nunmehr sind 19 Prozent fällig, wie bei Platin oder Palladium. Diese fiskalische Belastung können Sie jedoch verringern, indem Sie darauf achten, dass die Silbermünzen, die Sie erwerben möchten, differenzbesteuert sind. Das funktioniert so: Der Händler kauft die Silbermünzen im Ausland außerhalb der EU und zahlt eine Einfuhrumsatzsteuer von 7 Prozent. Wird das Silber anschließend weiterverkauft, fallen 19 Prozent Mehrwertsteuer nicht auf den vollen Nettoverkaufspreis an, sondern lediglich auf die Differenz zwischen Einkaufspreis und dem Bruttoverkaufspreis. Damit ist es ab 2023 vorbei.

Kommen wir nun zu den Vorteilen der Weißmetalle: Ganz gleich ob Silber, Platin oder Palladium – sie spielen in der Industrie eine entscheidende Rolle, weitaus mehr als Gold.

Silber

»Es sind die einzigartigen physikalischen, chemischen und biologischen Eigenschaften, die das Edelmetall Silber auf sich vereint, die die Hauptargumente für den enormen Verbrauch von Silber in der Industrie und damit für die hohe industrielle Nachfrage liefern«, sagt der Elektrotechnik-Ingenieur Hans-Jürg Müllermeister.[13] Tatsächlich wird Silber unter anderem in der Kfz-Industrie, in der Halbleitertechnik, bei LED-Anwendungen, in der Wärmetechnik, der Medizin, der Fotografie, der Solartechnik, der Quantenmechanik sowie in der Solartechnik und für RFID-Chips[14] benötigt. Das ist wirklich eine beeindruckende Palette von Hightech-Anwendungen, die auf Silber nicht verzichten können. Der industrielle Bedarf an »weißen Edelmetallen« ist indessen Fluch und Segen zugleich. Sinkt die industrielle Nachfrage – etwa infolge einer weltweiten Rezession –, bricht auch der Preis für Silber, Platin und Palladium ein. Oder anders ausgedrückt: Die Preisentwicklung dieser Metalle hängt wesentlich von der Konjunkturlage in bestimmten Branchen ab. Auf der anderen Seite gilt zum Beispiel Silber als knapper Rohstoff, vor allem wegen der Nachfrage seitens der Solarindustrie.

Palladium

Dieses im Jahr 1803 von William Hyde Wollaston entdeckte und nach dem Asteroiden Pallas benannte Edelmetall gehört zur Gruppe der Platinmetalle. Anleger ließen lange Zeit die Finger von Palladium, denn es gilt als sehr volatil. Dass der Preis für 1 Unze Palladium von 1.000 US-Dollar schon mal auf 150 Dollar fiel, um anschließend wieder auf 2.250 Dollar zu steigen, hat in der Vergangenheit niemanden überrascht. Dann plötzlich war Palladium wieder der Top-Performer, der Aktien, Gold und Rohöl hinsichtlich seiner Preisentwicklung in den Schatten stellte. Im Frühjahr 2022 lag die 5-Jahres-Performance für Palladium bei über 200 Prozent. Zum Vergleich: Im Sommer 2021 hatte dieses Edelmetall noch eine 5-Jahres-Performance von knapp 282 Prozent aufgewiesen.

Grundsätzlich sollten Sie bei einem Palladium-Investment bedenken, dass es sich um einen recht engen Markt handelt. Das heißt, schon geringe Volumina können den Preis massiv nach oben oder unten treiben oder sogar abstürzen lassen.

Platin

Der größte Teil des vor allem in Südafrika und Russland, zu einem geringeren Teil auch in Südamerika, Kanada und Zimbabwe gewonnenen Platins wird industriell verarbeitet. So zum Beispiel für katalytische Stromrichter und zur Herstellung von medizinischen Geräten. Dennoch vermochte Platin Edelmetallanleger in den zurückliegenden Jahren nicht zu überzeugen. Denn die Performance ließ doch sehr zu wünschen übrig. Platin kostete weniger als Gold und sehr viel weniger als Palladium. Das hängt nicht zuletzt damit zusammen, dass in der Automobilindustrie inzwischen viel mehr Palladium als Platin verarbeitet wird. Manche Analysten halten Platin allerdings für unterbewertet und empfehlen, eher Platinmünzen und -barren zu kaufen als Gold. Dieser Empfehlung würde ich mich jedoch nicht anschließen.

Die Preisentwicklung für Platin und Palladium litt besonders unter den Folgen der Corona-Pandemie. Da beide Metalle vor allem in der Automobilindustrie bei der Herstellung von Katalysatoren eingesetzt werden, brach der Bedarf an Platin und Palladium vor dem Hintergrund stark rückläufiger Kfz-Absatzzahlen markant ein. Weiteres Ungemach könnte drohen, wenn in der Petrochemie ganze Raffinerien stillgelegt werden, die ebenfalls Platin für Katalysatoren verwenden.

FARBEDELSTEINE - ALTERNATIVE ODER LEIDENSCHAFT?

Farbedelsteine von hervorragender Qualität haben ihre Preise in den zurückliegenden Jahren mindestens verdoppelt. Viele Anleger schätzen die Steine als Beimischung für ihr Krisen-Portfolio. Doch wer mit Farbedelsteinen Renditen erwirtschaften möchte, braucht dreierlei: viel Know-how, viel Geld und viel Geduld. Geeignet sind sie vor allem für den sammelnden Investor.

Viele Anleger, die bereits in Gold und Aktien investiert sind und auch eine schuldenfreie Immobilie ihr Eigen nennen, suchen nach Alternativen, um ihr Krisen-Portfolio zu diversifizieren und widerstandsfähiger gegen exogene Schocks zu machen. Und tatsächlich könnte noch so mancher »schwarze Schwan« demnächst um die Ecke kommen.

Hin und wieder berichtet die Fachpresse über die beeindruckende Performance von Farbedelsteinen, die wirklich viele Vorteile von Sachwerten aufweisen. Sie sind selten (und je seltener, desto wertvoller), zum anderen verdichten sie einen hohen Wert in einem kleinen Volumen. Nur wenige Carat eines hochwertigen Rubins können den Gegenwert eines 100-Gramm-Gold-Barrens übertreffen. Sofern die Farbedelsteine über ein international anerkanntes Zertifikat verfügen – zum Beispiel von GIA – können sie weltweit verkauft werden. Das macht Farbedelsteine zu einer begehrten Fluchtwährung. »Allerdings«, weiß Heinz Schiendl, Edelsteinexperte aus Wien, »ist kaum einer meiner Kunden jemals wirklich geflohen. Aber für manchen ist es eben ein beruhigendes Gefühl, dass sie es tatsächlich könnten«.[15]

Schiendl rät allen Interessenten, ein Edelstein-Investment realistisch einzuschätzen. »Farbedelsteine sind eine ausgesprochen langfristige Anlageform; der Anlagehorizont sollte bei mindestens 15, besser bei 20 Jahren liegen«. Und wer weiß schon, welche steuerlichen Rahmenbedingungen dann gelten werden? Heute gilt eine einjährige Spekulationsfrist, nach deren Ablauf Veräußerungsgewinne steuerfrei vereinnahmt werden können. Angesichts steigender Staatsschulden – nicht zuletzt angesichts der astronomischen Ausgaben für die Rüstung als Reaktion auf den Ukraine-Konflikt – kann indessen wohl niemand ausschließen, dass es künftig keine oder nur noch sehr lange Spekulationsfristen gibt. Im Klartext: So gut wie jeder Gewinn aus dem Verkauf von Edelsteinen, Gold, Uhren, Schmuck und so weiter muss dann wohl versteuert werden. Den Finanzbehörden wird angesichts von zunehmenden Bargeldrestriktionen und -verboten wohl nichts mehr verborgen bleiben. Wer sich zum Beispiel häufig von Uhren, Gold, Schmuck oder Edelsteinen trennt, gerät beim Fiskus schnell in den Verdacht, gewerblich zu handeln. Und das kann mitunter ruinöse Folgen haben.

Trotz all dieser Einschränkungen gibt es gute Gründe, in Farbedelsteine zu investieren. Denn die Performance der vergangenen Jahre spricht für sich: Der Wert einer Reihe von unbehandelten Edelsteinen hat sich innerhalb von 10 Jahren nachweislich mindestens verdoppelt. Zum Beispiel liegt der aktuelle Verkaufspreis des Ceylon Saphir Tropfenschliff, 6,6 Karat, bei etwa 45.000 Euro und der des Imperial Topas Ovalschliff, 18 Karat, bei 24.000 Euro. Ein nicht öl-behandelter Smaragd Achteckschliff (2,6 Karat) ist derzeit kaum unter 18.000 Euro zu haben, und der Burma Rubin Ovalschliff (3,4 Karat) kostet rund 68.000 Euro.

Generell geht der Trend eindeutig in Richtung nicht gebrannter und nicht geölter Steine. Beide Verfahren werden eingesetzt, um die Farbedelsteine sozusagen »aufzuhübschen«. Mit Öl werden zum Beispiel Risse im Stein kaschiert. Öl aber besteht zum Teil auch aus Wasser, das im Laufe der Zeit verdunstet. Dann werden die Risse offenkundig und der Edelstein büßt an Brillanz und Wert ein. Kaum gefragt – jedenfalls nicht von echten Edelstein-Investoren – sind auch gebrannte Rubine. »Gefragt ist vielmehr Natur pur«, weiß Experte Heinz Schiendl. Steine, die erst durch eine besondere Behandlung ansehnlich werden, sind allenfalls für den Schmuckmarkt geeignet, jedoch kaum zur Kapitalanlage. Nichtbehandelte Steine sind extrem selten, was deren Preise natürlich in die Höhe treibt. Schiendl schätzt, dass nichtgeölte Smaragde gerade einmal 0,5 Prozent der verfügbaren Gesamtmenge ausmachen.

Wichtig ist ferner ein qualitativ hochwertiger Schliff des Edelsteins. »Wenn Sie zum Beispiel einen Rubin von 3 Karat kaufen, der später vor dem Verkauf erst einmal professionell nachgeschliffen werden muss, um einen akzeptablen Preis zu erhalten, dann haben Sie schon einen Verlust von 1,5 Carat«, erklärt Schiendl.

Wer in Farbedelsteine investieren möchte, sollte auf lebhafte, spritzige Farben der Steine achten und darauf, dass »Mutter Natur«

diese Steine uns so geschenkt hat. Sobald die Steine aufgehübscht werden, sehen sie vielleicht besser aus, verlieren aber an Wert. Wie wichtig die Farbe für einen Edelstein ist, beweisen zum Beispiel die Turmaline. Rote und blaue Turmaline sind stark gefragt und erzielen Top-Preise, grüne Turmualine jedoch erweisen sich als regelrechte Ladenhüter.

Als Investmentsteine gelten nach wie vor die »Big three«, nämlich Rubine, Saphire (beide aus der Korund-Klasse) und Smaragde (Berryl). Daneben gibt es aber auch noch interessante »Nebenwerte«, so zum Beispiel den äußerst raren Imperial Topas aus Brasilien, die erwähnten roten und blauen Turmaline sowie Spinelle. Der Krieg in der Ukraine im Jahr 2022 wirkte sich übrigens nur mäßig auf den Edelsteinmarkt aus. Allenfalls mittelfristig könnte der klassische russische Edelstein, der Alexandrit, noch seltener und teurer werden. Er gilt als Edelstein der Zaren, wohl nicht zuletzt, weil er nach dem russischen Zaren Alexander II. benannt wurde. Er fasziniert die Liebhaber von Farbedelsteinen durch einen ungewöhnlichen Farbwechsel von Grün zu Rot. Wer einen qualitativ hochwertigen Alexandrit erwerben möchte, muss mindestens mit einem Preis von 10.000 Euro pro Carat rechnen.

Geopolitisch spielt für Edelstein-Investoren die Insel Sri Lanka eine viel wichtigere Rolle als Russland. Tatsächlich ist das frühere Ceylon für seine Edelsteine seit biblischen Zeiten berühmt. Die Insel besitzt ein reiches Vorkommen an Topas, Saphir, Rubin und Peridot. Ende 2021 entdeckte ein Mann auf Sri Lanka auf seinem Grundstück einen blauen Saphir mit 1,5 Millionen Carat (1 Carat = 0,2 Gramm). Es dürfte sich um den derzeit größten Saphir der Welt handeln. Der ehrliche Finder will diesen millionenschweren Fund nun einem Museum zur Verfügung stellen, obwohl ihm höchst attraktive Kaufangebote aus den USA und Dubai vorlagen.

MIT LINKERN DER INFLATION EIN SCHNIPPCHEN SCHLAGEN?

In Zeiten der Inflation, zusätzlich verschärft durch Niedrig- oder Nullzinsen, erweisen sich die meisten Anleihen (auch Bonds oder Schuldverschreibungen genannt) ähnlich wie Sparkonten als wahre Vermögensvernichter. Freilich gibt es Ausnahmen. Dazu gehören vor allem die Inflationsindexierten Anleihen, oder auf Englisch: Inflation-linked bonds (kurz: Linker). Diese Anleihen verfügen sozusagen über einen integrierten Inflationsschutz. Das behauptet zumindest die Finanzbranche. Doch was ist genau unter diesen wenig bekannten und auf den ersten Blick ziemlich komplizierten Produkten zu verstehen? Wie funktionieren sie?

Schauen wir uns als Beispiele die Inflationsindexierten Bundeswertpapiere an. In der Tat können Sie dem Finanzminister Geld leihen, indem Sie bei der Finanzagentur GmbH der Bundesrepublik Deutschland (www.deutsche-finanzagentur.de) solche Anleihen mit »Inflations-Airbag« erstehen. Sie haben die Wahl unter unterschiedlichen Laufzeiten. Inflationsindexierte Bundesobligationen weisen eine Laufzeit von 5 Jahren auf, Inflationsindexierte Bundesanleihen haben Laufzeiten von 10 bis 30 Jahren. Im Gegensatz zu den klassischen Bundesobligationen und -anleihen ist ihre nominale Verzinsung nicht fixiert. Die orientiert sich vielmehr – ebenso wie die Tilgungssumme am Laufzeitende – an der Entwicklung eines offiziellen Verbaucherpreisindexes. Der Anleger erhält zur jährlichen Zinszahlung also einen Teuerungsausgleich. Salopp ausgedrückt: Steigt die Inflation, dürfen Sie sich über höhere Zinsen freuen. Doch bekanntlich gibt es im Leben nichts geschenkt, auch nicht den Inflationsausleich bei Linkern. So ist der Basiszins, also der reale Kupon, für indexierte Bundeswertpapiere geringer als bei klassischen Bundesanleihen und -obligatonen ohne Inflationsschutz.

Neben dieser Zinsanpassung profitieren Sie als Inhaber von inflationsgeschützten Bundeswertpapieren bei der Rückzahlung am Laufzeitende. Hierzu wird der Nennwert um die Inflationsentwicklung erhöht und der nominale Rückzahlungsbetrag steigt.[16] Als Grundlage für die Indexierung der inflationsgeschützten Bundeswertpapiere dient der unrevidierte harmonisierte Verbraucherpreisindex (HVPI) ohne Tabak. Dieser wird von der europäischen Statistikbehörde Eurostat ermittelt und monatlich als Inflationsindexzahl veröffentlicht.[17]

Der Markt für inflationsindexierte Anleihen weist mittlerweile insgesamt ein Volumen von rund 3,1 Billionen Euro auf. Eine besondere Rolle spielen diese Finanzprodukte in den USA, Großbritannien und einigen EU-Staaten. Dominiert wird der Linker-Markt allerdings von den USA mit einem Anteil am Weltmarkt von rund 40 Prozent (Stand: 2021). Eine wichtige Kennzahl bei Linkern ist die Break-even-Inflationsrate. Sie gibt an, wie hoch die Inflationsrate ausfallen muss, damit der Kauf einer Inflationsindexierten Anleihe gegenüber dem Kauf einer klassischen Anleihe mindestens dieselbe Realverzinsung einbringt. Mit anderen Worten: Ist dieser Break-even-Punkt erreicht, ist es im Grunde egal, ob Sie einen Linker oder eine konventionelle Anleihe erstehen. Nur wenn Sie steigende Inflationsraten erwarten, sollten Sie Linker vorziehen.

Nun zu den Risiken, die Sie als Anleger bedenken sollten. Wie erwähnt, erhalten Sie bei Inflationsindexierten Anleihen eine vergleichsweise geringe Nominalverzinsung. Steigt die Inflation nicht so stark, wie vom Anleger erwartet, dann hat er aufgrund der geringen Nominalverzinsung das Nachsehen. In diesem Fall wäre es besser gewesen, konventionelle Anleihen zu kaufen.

Steuert die Wirtschaft gar in eine deflationäre Phase, dann fällt der Nachteil gegenüber einem konventionellen Produkt noch deutlicher aus. Allerdings entspricht auch im Fall einer Deflation der Rückzahlungsbetrag stets mindestens dem Nennwert. Der Investor muss dann aber seinen Linker bis zur Fälligkeit halten. Bei einem vorzeitigen Verkauf kann der Anleger Kapitalverluste erleiden.

Einen weiteren Unsicherheitsfaktor stellt die Duration der Anleihe dar, sprich: die Laufzeit des Wertpapiers. Je länger die Laufzeit ist, desto größer ist das Zinsänderungsrisiko. Und welcher Anleger vermag schon die Inflationsentwicklung in den kommenden 10 Jahren vorauszusagen? Linker sollten also immer nur eine Beimischung in einem so weit wie möglich gegen Inflation abgeschirmten Portfolio sein. Mittlerweile gibt es auch ETFs auf Linker-Basis. Damit lässt sich ein Engagement in Inflationsindexierte Anleihen besser streuen. Und schließlich besteht wie bei allen Anleihen ein Emittentenrisiko. Das heißt, der Staat, der die Anleihen ausgibt, könnte Pleite gehen. Das ist im Fall der Bundesrepublik Deutschland zwar sehr unwahrscheinlich, dennoch sollte man zumindest wissen, dass ein solches Risiko besteht – zumal dann, wenn man sich für Anleihen von Staaten mit schlechter Bonität entscheidet.

EXKURS: KRISEN UND KRIEGE - SACHWERTE IM STRESSTEST

In Kriegs- und anderen Krisenzeiten werden auch Sachwertinvestments einem regelrechten Stresstest unterzogen. Was erweist sich als widerstandsfähiger – Aktien, Immobilien oder Edelmetalle? Wir nehmen nachfolgend diese drei klassischen Sachwerte unter dem Aspekt des Risikomanagements näher unter die Lupe.

Aktieninvestment

Wenn den Finanzkommentatoren kein kerniger Spruch zum aktuellen Marktgeschehen mehr einfällt, geben sie gern die leicht abgedroschenen angeblichen Börsenweisheiten zum Besten. Eine von ihnen animiert zu antizyklischen Investments in schwierigen Zeiten. »Wenn die Kanonen donnern« soll man an den Börsen kaufen. Diese Empfehlung stammt angeblich von dem Bankier Carl Mayer von Rothschild (1788-1855). Einmal ganz abgesehen davon, dass sicherlich die Frage berechtigt erscheint, inwieweit Empfehlungen aus dem frühen 19. Jahrhundert auch auf die zunehmend hybride Kriegsführung im 21. Jahrhundert zutreffen, darf die Gültigkeit dieses angeblichen Börsentipps wohl grundsätzlich angezweifelt werden.

Aber ist nicht doch etwas dran an Rothschilds Anlageempfehlung? Hat sich zum Beispiel nicht zuletzt der DAX in den Wochen seit Ausbruch des Ukraine-Konflikts zunächst noch relativ wacker geschlagen? Wann immer die vage Hoffnung keimte, es könnte zu einem Waffenstillstand und einer diplomatischen Lösung kommen, gingen die Kurse deutlich nach oben. Für Optimisten ist das ein Zeichen für einen baldigen Aufschwung, für Pessimisten eine Gelegenheit, sich von bestimmten Aktienpositionen zu trennen und Kasse zu machen. Als dann allerdings die Gaspreise explodierten, gingen ab Frühjahr 2022 auch die wichtigsten internationalen Börsenindizes auf Tauchstation.

Natürlich gibt es wie immer Branchen, die von Krisen profitieren. Wenn die Nato-Staaten geloben, in den nächsten Jahren hohe dreistellige Milliardensummen in die Rüstung zu stecken, dann profitieren von diesen Ankündigungen natürlich zunächst einmal die großen US-Rüstungskonzerne. Innerhalb von nur vier Wochen legte im Frühjahr 2022 zum Beispiel der Aktienkurs von Northrop Grumman um rund 15 Prozent zu (Stand: 25. März). Lockheed Martin brachte es im selben Zeitraum auf eine Performance von etwa 14 Prozent. Und der Aktienkurs von General Dynamics schnellte immerhin noch um 9,5 Prozent in die Höhe.[18]

Auch ein Blick auf Konflikte in der Vergangenheit lassen den Schluss zu, dass exogene Schocks im Zusammenhang mit Kriegen oder Terroranschlägen an den führenden Börsen erstaunlich schnell überwunden werden. Nach dem Drohnenangriff auf Saudi Aramco, das derzeit größte Erdölförderunternehmen der Welt, im Jahr 2019, sank der US-Aktienindex S&P zunächst um 4 Prozent, um sich nach 41 Tagen deutlich zu erholen (siehe auch Tabelle 3). Indes: Der Ukraine-Konflikt lässt sich kaum mit lokalen Kriegen oder Terrorattacken vergleichen, so schrecklich jedes einzelne Ereignis sicher auch war. Wenn überhaupt, so erkennen geopolitische Analysten eher Parallelen zum Jom-Kippur-Krieg vom 6. bis 25. Oktober 1973. Auch damals fiel der Konflikt in eine Phase steigender Inflationsraten, und auch damals folgte eine Energiekrise (unter anderem »autofreie Sonntage«) mit dem Ergebnis einer tiefgreifenden Rezession.

Und dieses Mal? Erkennen wir irgendwo positive Ansätze, welche die negativen Konsequenzen auf die Aktienmärkte zumindest zum Teil kompensieren könnten? Viele Beobachter geben sich skeptisch. Kriege hätten für die Weltwirtschaft immer inflationär gewirkt. Weil der Ukraine-Konflikt zwei wichtige Rohstoff- und Nahrungsmittelproduzenten trifft, übe er gleichzeitig einen inflationären und einen rezessiven Druck aus, ist oft zu hören. Vielfach wurde überdies auf die Gefahr von Unruhen in einigen Staaten Asiens, Nordafrikas sowie des Nahen und Mittleren Ostens hingewiesen, die für ihre Nahrungsmittelimporte von der Schwarzmeerregion abhängig seien.

Pakistan bezieht zum Beispiel fast 80 Prozent seiner Getreideimporte aus Russland und der Ukraine, die Türkei und Ägypten gut 60 Prozent. Es ist also gut nachvollziehbar, dass man dort wenig von den gegen Russland durchgesetzten Sanktionen hält.

Aktienanleger haben es in einem solchen Kriegsszenario daher mit einer multiplen ökonomisch-geopolitischen Krise zu tun: Die Inflation befand sich schon vor dem Ausbruch des Ukraine-Kriegs auf einem hohen Niveau. Die Gefahr einer Rezession erschien im Herbst 2022 sehr real. Und weitere Unruhen und Konflikte in anderen Regionen der Welt infolge einer grassierenden Hungersnot etwa in Afrika können nicht ausgeschlossen werden. Das alles ist – so zynisch es klingen mag – noch das »Best-Case-Szenario«. Kommt es zu einer Ausweitung des Kriegs, wären die Auswirkungen auf die globale Wirtschaft gar nicht absehbar.

Fazit: Aktienpositionen in diesen unsicheren Zeiten aufzustocken, erscheint riskant. Sinnvoller ist es, die Positionen zu halten und bei einer zwischenzeitlichen Erholungsrallye den Bestand teilweise zu reduzieren, um kurzfristig Cash-Positionen im Portfolio aufzubauen. Stehen die geopolitischen Zeichen auf Entspannung, kann mit diesen Cash-Reserven der Aktienbestand wieder vorsichtig aufgestockt werden.

Schattenseiten des »Betongoldes«

Wie steht es mit »Betongold«, also Immobilien? Eignen sich diese Sachwerte für Kriegs- und Krisenzeiten? Selbstverständlich ist es immer von Vorteil, in den eigenen, entschuldeten vier Wänden zu wohnen. Vor allem in Zeiten explodierender Mieten. Der größte Nachteil von Immobilien: Sie sind eben immobil. Wer sich zum Beispiel entschließt auszuwandern, kann sein Haus oder seine

Wohnung nicht »mitnehmen«; er muss seine Immobilie entweder vermieten (mit all dem damit verbundenen Aufwand) oder verkaufen. Für »Betongold« gibt es allerdings keinen geregelten Preis; das heißt, der Ertrag aus dem Verkauf richtet sich nach Angebot und Nachfrage. In den vergangenen Jahren war die Nachfrage nach Immobilien in guten Lagen sehr groß und das Angebot eher überschaubar, weshalb man beim Verkauf gute Chancen hatte, einen ansehnlichen Gewinn gegenüber dem Einstandspreis zu erzielen. In Kriegs- und Krisenzeiten – zumal, wenn sie längere Zeit andauern – muss hingegen mit einem sinkenden Preisniveau gerechnet werden. Mit anderen Worten: Muss man aus persönlichen Gründen (zum Beispiel, um in ein anderes Land auszuwandern) über das Geld verfügen, das in der Immobilie gebunden ist, sind Vermögensverluste durchaus möglich.

Darüber hinaus kann nach schweren Krisen oder Kriegen ein hoher Kapitalbedarf seitens des Staates entstehen. Er könnte in diesem Fall versucht sein, Geld mittels einer im Grundbuch eingetragenen Zwangshypothek einzutreiben. Eine solche Zwangshypothek wurde in Deutschland zuletzt im Jahr 1952 durch das Lastenausgleichsgesetz Realität. Damals wurde auf jeden Grundbesitz eine Zwangshypothek in Höhe von 50 Prozent des Grundstückswertes eingetragen.

Fazit: »Betongold« – vor allem selbstgenutzte Immobilien – sind in Friedenszeiten ohne Frage ein gutes und empfehlenswertes Sachwertinvestment. Trotz der anfallenden Steuern (Grundsteuer) und der Nebenkosten, die mit dem Alter der Immobilie steigen, bestehen gute Aussichten, in guten Lagen mittel- bis langfristig interessante Renditen zu erzielen. In Kriegs- und Krisenzeiten jedoch eignen sich Immobilien als Sachwertinvestment nur sehr bedingt.

Gold und »weiße Edelmetalle«

Kommen wir abschließend zur geradezu klassischen Krisenwährung – dem Gold. Das gelbe Edelmetall hat zunächst einmal den Vorteil seiner hohen Wertdichte, die eigentlich nur noch von Diamanten übertroffen wird. Das heißt, Goldbarren und -münzen lassen sich auch in Konfliktzeiten relativ einfach von A nach B befördern. Gold verdichtet einen hohen Wert in einem kleinen Volumen, was einen entscheidenden Vorteil zum Beispiel gegenüber Silber darstellt.

Die Nachteile: Seit 2020 gilt beim Goldkauf eine Meldepflicht ab 2.000 Euro. Der Käufer muss seine Personalien mithin offenlegen. Der Staat verschafft sich also einen Überblick darüber, welche Bürger Gold besitzen und wo er im Bedarfsfall zugreifen kann. Außerdem können interessierte Kreise (Staaten, Notenbanken, Banken und so weiter) über Termingeschäfte den Goldpreis manipulieren.

Spätestens der Ukraine-Konflikt hat ein weiteres Risiko offenkundig gemacht: Wenn sich Staaten – wie Russland – mit dem Aufbau von Goldreserven unabhängig vom US-Finanzsystem machen wollen, haben sie im Fall von weitreichenden Sanktionen Probleme, diese Goldreserven zu verkaufen. Russland ist derzeit faktisch vom London Bullion Market ausgeschlossen. Sollte Moskau dennoch einen großen Teil seines Goldschatzes zum Beispiel an China oder Indien veräußern, würde dies zu einem erheblichen globalen Preisdruck führen. Das zeigt, wie stark der Einfluss von Staaten auf den Goldpreis beziehungsweise Goldreserven sein kann.

Fazit: Wie bereits erwähnt wird Gold gehortet und Silber verbraucht. Auch Platin und Palladium sind wichtig für Teile der Industrie und können daher nicht einfach eingefroren werden wie der Goldschatz eines aus Sicht der USA und anderer Nato-Staaten »unbotmäßigen« Staates. Daher ist ein ausgewogener Edelmetallmix in Krisenzeiten sicher vorteilhaft.

Tabelle 3: *(Geo-)Politische Krisen – Börsen bleiben meist resilient*

Geopolitisches Event	**Zeitpunkt**	**Totaler Verlust S&P-Index**	**Bodenbildung nach … Tagen**	**Erholung nach … Tagen**
Pearl Harbor Angriff	1941	-19,8 %	143	307
Kuba-Krise	1962	-6,6 %	8	18
Anschlag auf Olympische Spiele in München	1972	-4,3 %	42	57
Irakische Invasion in Kuwait	1990	-16,9 %	71	189
Bombardement Syrien	2018	-1,2 %	7	18
Drohnen-Angriff auf Saudi Aramco	2019	-4,0 %	19	41
US-Abzug aus Afghanistan	2021	-0,1 %	1	3

Quelle: LPL Research, S&P Dow Jones Indices, CFRA

KAPITEL 2

BARES IST WAHRES

WAS FÜR CASH UND GEGEN EIN BARGELDVERBOT SPRICHT

Seit 2019 geben die europäischen Notenbanken keine 500-Euro-Geldscheine mehr aus. Das Ende der lila Banknote war einer von vielen Schritten in Richtung Bargeldabschaffung, die in der Europäischen Union seit vielen Jahren angestrebt wird – stets unterstützt und begleitet von den großen Medien. Über das Aus des 500-Euroscheins freute sich ein Experte in der *Wirtschaftswoche*: »Für Geldwäscher, Betrüger und Steuerhinterzieher ist der lila Schein erste Wahl, wenn es um unsaubere Geschäfte geht. Klar, so lassen sich große Summen Bargeld auf kleinem Raum im Geldkoffer verstauen, illegal über die Grenze transportieren oder dem Autohändler offerieren.«[19]

Das ist eines der zentralen Argumente für die Einschränkung respektive die Abschaffung des Bargelds oder besser, der am häufigsten vorgebachte Vorwand, zumal Kriminelle oder Terroristen im Zeitalter der Kryptowährungen und des Darknets nicht mehr auf Bargeld angewiesen sind. Trotzdem werden stets Terroristen, Drogen- und Menschenhändler bemüht, wenn es darum geht, den nächsten Schritt in Richtung bargeldlose Gesellschaft zu setzen.

Ebenfalls gerne vorgebachte Argumente sind die Kosten, die das Bargeld verursacht: Produktion, Transport, Aufbewahrung, Austausch, Sicherheitssysteme et cetera.

Bargeldgegner führen zudem ins Feld, dass elektronische Zahlungen schneller, effizienter und weniger fehleranfälliger seien. Im Zuge der Corona-Pandemie haben viele Händler ihren Kunden aus »hygienischen Gründen« empfohlen, auf Cash zu verzichten. Die Schilder hängen in den Geschäften und Filialen einiger Handelsketten bis heute, obwohl es nahezu ausgeschlossen ist, sich über Münzen und Geldscheine mit dem Corona-Virus anzustecken. Im Laufe der Pandemie ging der Bargeldverkehr durch die Verunsicherung der Kunden deutlich zurück, so sehr, dass sogar Banken und Betreiber in Deutschland immer mehr Geldautomaten abbauen.[20]

Um den Bürgern die Bargeldabschaffung schmackhaft zu machen, werden sogar der Feminismus und die soziale Gerechtigkeit aufgefahren. Die »Better Than Cash Alliance«, der unter anderem die Bill & Melinda Gates Foundation, die Clinton Global Initiative, die Europäische Bank für Wiederaufbau und Entwicklung, die UNO und der Finanzdienstleister Visa angehören, wirbt für die Abschaffung des Bargelds mit diesen Argumenten: »Shifting these payments from cash to digital has the potential to improve the lives of people on low income, particularly women.« [21] Bargeldlose Zahlungen verbessern also das Leben von Menschen mit niedrigen Einkommen, vor allem jenes von Frauen.

Es gibt also tausend »gute« Gründe beziehungsweise Vorwände, den Menschen das Bargeld abzunehmen. In den meisten EU-Ländern gelten bereits mehr oder weniger hohe Obergrenzen bei Bargeldzahlungen: 3.000 Euro in Belgien, 2.000 in Italien, 1.000 in Frankreich und nur noch 500 Euro in Griechenland. Vor allem in den skandinavischen Ländern wird kaum noch mit Cash bezahlt. In

Norwegen wird Bargeld nur noch bei 3 bis 4 Prozent aller Transaktionen verwendet. Zum Vergleich: In den USA sind es 40 Prozent.

In Schweden ist der Anteil der Menschen, die mit Scheinen und Münzen zahlen, in den vergangenen zehn Jahren von 39 auf 9 Prozent gesunken. Damit ist das Land, in dem die Bandenkriminalität in den vergangenen Jahren dramatische Ausmaße angenommen hat,[22] ein guter Beweis dafür, dass eine weitgehend bargeldlose Gesellschaft, entgegen der einschlägigen Propaganda von EU und EZB, keine ist, in der die Kriminalität automatisch zurückgeht.

In der Europäischen Union wird bereits über eine einheitliche Bargeldobergrenze bei finanziellen Transaktionen von 10.000 Euro diskutiert – eine Summe, mit der man gerade noch einen fahrtüchtigen Gebrauchtwagen erstehen kann. Diese Maßnahme erfolge, schreibt das Zentrum für Europäischen Verbraucherschutz, im »Rahmen des Kampfes gegen Geldwäsche und Terrorismusfinanzierung«.[23]

Ist diese EU-weite Obergrenze beschlossen, sind die nächsten Schritte vorprogrammiert. Das Limit wird schrittweise gesenkt, bis Scheine und Münzen nur noch für Kleinstbeträge, etwa den Kauf eines Snacks am Bahnhofskiosk verwendet werden dürfen. Mitunter sogar nicht einmal für das. Vor einigen Jahren war ich über das Wochenende in Stockholm, um über die schwedischen Reichstagswahlen zu berichten. Am Tag darauf flog ich zurück nach Frankfurt. Da ich noch etwas Zeit bis zum Boarding hatte, gönnte ich mir am Flughafen Arlanda einen Espresso. Der kostete umgerechnet etwa 3,80 Euro. Der Kassierer weigerte sich jedoch, Bargeld anzunehmen: »No cash, Sir, no cash!« So musste ich meinen Espresso mit der Kreditkarte bezahlen.

Zugegeben, so extrem wird der »War on Cash« nicht überall geführt. Cash wird vermutlich nicht komplett verboten werden, aber so weit zurückgedrängt, dass es im Geschäftsleben bedeutungslos wird. Parallel dazu plant die EZB die Einführung des »digitalen Euro«. Er ist keine Kryptowährung, sondern digitales Zentralbankgeld und wird von der EZB und der EU als Alternative zum Bargeld angepriesen. Doch die Absicht hinter der Einführung des digitalen Euro ist eindeutig: Er soll mittelfristig das Bargeld komplett ersetzen, sieht man von Bagatellbeträgen ab.

Warum das Bargeldverbot von Kreisen aus der Politik und Finanzwelt vorangetrieben wird, liegt auf der Hand: Es geht darum, das Monopol zur Herausgabe des Euro-Schwundgeldes zu verteidigen und unbeschränkten Zugriff auf private Geldvermögen zu erlangen. Die durch das Bargeld noch offenen Fluchtwege sollen geschlossen werden. Es geht um die Kontrolle, Überwachung und Steuerung der Bürger.

Agustín Carstens, Chef der Bank of International Settlements (BIS), das ist die halbgeheime Zentralbank der Zentralbanken, hat es auf den Punkt gebracht: »Central banks will have absolute control on the rules and regulations that will determine the use [des digitalen Zentralbankgeldes] and we will have the technology to enforce that.«[24]

Es geht also um die »totale« Kontrolle. Jede Transaktion hinterlässt in einer bargeldlosen Gesellschaft elektronische Spuren. Außerdem setzt jeder digitale Zahlungsvorgang stets den Willen der Machthaber voraus, diesen auch zuzulassen. Ohne Bargeldumlauf ist es ein Leichtes, die soziale Existenz von missliebigen Menschen zu zerstören. Ein paar Mausklicks reichen und der Betreffende kann sich weder etwas zu essen noch eine Fahrkarte kaufen.

Die Einführung des digitalen Euro soll das Ende des Bargeldzeitalters einläuten. Cash wird dann einen ähnlichen Stellenwert haben wie Pferdekutschen im modernen Verkehrswesen oder Telefonzellen im Smartphone-Zeitalter. Es gibt sie nur noch als Kuriosum und Freizeitattraktion. Ohne auf Details einzugehen, bedeutet der digitale Euro: Jeder wird gezwungen sein, ein Konto bei der EZB zu halten. Alle monetär relevanten Daten und die volle Kontrolle über die Geldvermögen sind somit in der Hand der EZB respektive der EU. »Unser vorrangiges Ziel besteht darin, Preisstabilität zu gewährleisten, also den Wert des Euro zu wahren«[25], schreibt die EZB auf ihrer Webpräsenz. Von ihrer Kernaufgabe hat sie sich aber längst verabschiedet. Sie ist in erster Linie zum Handlanger der EU-Spitze geworden. Statt die Inflation zu bekämpfen, was ihre vordringlichste Aufgabe wäre, hat sie die Finanzierung der europäischen Schuldenstaaten übernommen und Geld gedruckt, sprich: in den elektronischen Systemen erzeugt. Ich weiß nun nicht, ob Sie meine Meinung teilen; falls nicht, sehen Sie es mir bitte nach, dass ich sie dennoch dezidiert vertrete.

Mit einem Bargeldverbot und dem digitalen Euro kann die EZB unter anderem problemlos und per Knopfdruck Negativzinsen in jeder beliebigen Höhe – ganz »unbürokratisch« – durchsetzen, ohne die Möglichkeit für die Bürger, sich dieser Form der Enteignung zu entziehen. Die Menschen sind dem Staat völlig ausgeliefert. Mit dem digitalen Euro könne, so der einflussreiche französische Ökonom Philippe Martin, »Helikoptergeld«, also frische Euros schnell und leicht an die Bürger verteilt werden. Diese Gelder müssen die Bürger dann möglichst schnell in Umlauf bringen, ansonsten, so Martin, »verfällt es, beispielsweise nach einem Jahr.«[26]

In einer bargeldlosen Gesellschaft wird der Bürger zum gläsernen und steuerbaren Menschen. Jede Bewegung, sein Konsum- und Freizeitverhalten, seine Vorlieben, seine politischen Ansichten, seine Sozialkontakte, selbst intimste Handlungen können erfasst, überwacht und zentral gespeichert werden. In einer bargeldlosen Gesellschaft gibt es keine Privatsphäre mehr. Das geben selbst offizielle Vertreter der EU zwischen ihren vorgeschobenen Argumenten mehr oder weniger offen zu. Peter Kerstens von der EU-Kommission sagte bei einer Presseveranstaltung über den digitalen Euro: »Mit anonymen Zahlungen sollte man nicht rechnen, denn die neue Ausgabeform des Euro dürfe nicht Geldwäsche oder Steuerhinterziehung ermöglichen.«[27]

Zwar wird seitens der EZB auch betont, dass es Regelungen geben werde, die die Privatsphäre der Bürger sichern, doch sie gelten nur so lange, bis sie gebrochen werden. Dieses Vorgehen ist bei EZB und EU zum Normalfall geworden. Zudem ist die Versuchung für Machtpolitiker, all diese Daten zu vernetzen und zu nutzen, zu groß, um es nicht zu tun. China macht es mit seinem Sozialkreditsystem bereits vor. Die Möglichkeiten, die Bürger zu überwachen, zu kontrollieren, zu erziehen und zu steuern, sind beinahe unbegrenzt. Dann weiß die staatliche Krankenversicherung, wie viel Schnaps und Bier jeder Versicherte konsumiert und kann, wenn das wöchentlich erlaubte Limit überschritten ist, mit Warnungen aufs Smartphone, Einkaufssperren oder Beitragserhöhungen einschreiten. Wer in diesem Jahr schon seine aus Klimaschutzgründen nur zwei erlaubten Flugreisen konsumiert hat, kann sich kein weiteres Flugticket mehr kaufen, und wer sich kritisch in der Öffentlichkeit über die Regierung oder Brüssel äußert, dem können alle Konten und Einkaufsmöglichkeiten temporär oder dauerhaft gesperrt werden und er kann per Kopfdruck vom sozialen Leben ausgeschlossen werden. Dieser Kontrolle kann sich ohne Bargeld niemand entziehen. Was für die meisten Bürger wie eine düstere Dystopie klingt, ist für Regierungen, für Politiker, die vorgeben, die Welt oder die Menschheit retten zu wollen, eine paradiesische Vorstellung. Und Gelegenheit macht bekanntlich Diebe.

Wie wir aus der Menschheitsgeschichte wissen, werden solche Kontrollinstrumente und Machtmittel immer eingesetzt, sobald sie zur Verfügung stehen, egal was den Bürgern versprochen wurde, egal welche Kontrollinstanzen und Gremien zum Schutz der Grundrechte eingezogen wurden. Das geschieht selbstverständlich immer zu unserem Besten. Für solche Zwangs- und Kontrollmaßnahmen gibt es immer »gute« Gründe und Argumente.

Wie groß die Versuchung schon jetzt ist, die Bürger zu durchleuchten, ohne solche weitreichenden Durchgriffsmöglichkeiten zur Verfügung zu haben, zeigt eine Studie des Freiburger Max-Planck-Instituts (MPI) zur Erforschung von Kriminalität, Sicherheit und Recht. Die Forscher haben erhoben, dass in Deutschland die Kontoabfragen von Staatsanwaltschaften, Finanz- und Polizeibehörden (exklusive Geheimdiensten) von 72. 000 im Jahr 2005 auf knapp eine Million im Jahr 2018 gestiegen sind.[28] Es wird mittlerweile systematisch und routinemäßig von Behörden in den Konten der Bürger geschnüffelt. Sie stehen unter Generalverdacht. Es gilt das Motto: Wer nichts zu verbergen hat, braucht solche Praktiken auch nicht zu fürchten und zu kritisieren. Der Staat will alles über seine Bürger wissen.

Deshalb arbeitet Brüssel an einem EU-weiten Vermögensregister. Eine Machbarkeitsstudie läuft bereits. Mit dieser zentralen Erfassung aller Vermögenswerte soll der EU-Bürger bis auf den letzten Cent ausgeleuchtet werden, jede Silbermünze, jede Immobilie, jeder Bitcoin und Brillantring soll erfasst werden.

Das erleichtert im Fall des Falles den Zugriff auf wirklich alle Vermögenswerte der Bürger, so kann die Bevölkerung schnell und unkompliziert enteignet werden. Maßnahmen wie Bargeldeinschränkungen, digitaler Euro, Vermögensregister und so weiter sind in Summe ein extrem gefährliches Machtinstrument.

Deshalb ist Bargeld zentral für die Freiheit der Bürger. Münzen und Geldscheine sind gedruckte Freiheit, ein Schutzschild für unsere Bürgerrechte, sie dienen dem Schutz des Rechts auf Anonymität. Bares garantiert, dass Bürger unabhängig von staatlichen Überwachungs- und Kontrollstrukturen untereinander Transaktionen abwickeln können. Wie wichtig das sein kann, zeigte sich etwa in Argentinien zur Jahrtausendwende. Das lateinamerikanische Land schlitterte damals in die Staatspleite. Über Nacht konnten die Argentinier nicht mehr auf ihre Konten zugreifen, auch nicht auf das in Dollar scheinbar sicher angelegte Geld. Es wurde eine Obergrenze von 250 Peso pro Woche für das Abheben von Bargeld eingeführt, um den Zusammenbruch des Bankensystems zu verhindern. Die Bürger standen plötzlich ohne Geld da. Die Argentinier haben daraus gelernt. Sie bewahren stets Bargeld auf, um sich künftig vor solchen Eingriffen schützen zu können.

Auch in der EU sind die Bürger vor solchen staatlichen Zwangsmaßnahmen nicht sicher, wie das Beispiel Zypern zeigt. Im Jahr 2013 stand der EU-Inselstaat vor der Pleite. Um von Brüssel ein 5-Milliarden-Euro-Hilfspaket zu bekommen, enteignete die Regierung in Nikosia flächendeckend ihre Bürger: Von allen Guthaben auf zypriotischen Banken kassierte der Staat einmalig 6,75 Prozent bei Einlagen unter 100.000 Euro und 9,9 Prozent bei allen anderen. Wehren konnte sich dagegen niemand. Die Banken wurden geschlossen und stellten alle Transaktionen ein. Niemand kam mehr an sein Geld.

Erst nach zwei Wochen konnten die Zyprioten wieder maximal 300 Euro täglich von ihren staatlich geplünderten Konten abheben.[29] Auch hier zeigt sich, wie wichtig Bargeld ist, auf das man jederzeit zugreifen kann, das man jederzeit zur Verfügung hat – vor allem in krisenhaften Zeiten wie diesen.

DAS VIER-TÖPFE-MODELL

Damit man stets liquide ist und genügend Geld auf der hohen Kante hat, empfiehlt sich das Vier-Konten- oder Vier-Töpfe-Modell. Dieses einfache Konstrukt hilft Ihnen, Ihre persönliche Finanzplanung zu strukturieren, ohne dass Sie dafür übermäßig viel Zeit aufwenden müssen. Der größte Aufwand bei dieser Methode ist, diese Konten einzurichten. Ihre laufende Betreuung kann dank Daueraufträgen leicht und unkompliziert erfolgen. Mit dem Vier-Konten-Modell verfügen Sie über einen guten Überblick über Ihre Finanzen, böse Überraschungen am Ende des Monats oder zu Beginn des Jahres bleiben einem so erspart. Dieses Modell verschafft Ihnen einen festen finanziellen Rahmen für alle Ausgaben.

Das Prinzip, auf dem dieses Modell beruht, ist einfach: Teilen Sie das Geld schon am Anfang des Monats in vier Töpfe auf. Dazu müssen Sie zuerst Ihre monatlichen Fixkosten berechnen, also was Sie für Miete, Kredite, Energie, Handy, Leasingraten et cetera ausgeben. Was danach übrigbleibt, wird für die alltäglichen Ausgaben, zum Leben verwendet.

So sieht das Modell konkret aus:

1. Das Alltagskonto

Dieses Konto ist das wichtigste, es spielt eine zentrale Rolle. Auf dieses Konto gehen das Gehalt oder bei selbstständiger Tätigkeit die laufenden Einnahmen ein. Es dient als finanzielle Drehscheibe. Von diesem Konto werden auch die Fixausgaben und der tägliche Einkauf bezahlt.

Von Ihrem Alltagskonto verteilen Sie das Geld auf die anderen drei. Am Anfang des Jahres sollten Sie deshalb eine Bestandsaufnahme durchführen, um festzustellen, wie viel Geld Sie für die verschiedenen Versicherungen zurücklegen müssen. Mit einem Dauerauftrag können diese Kosten automatisch abgebucht werden, somit können Sie dieses Geld nicht mehr für andere Zwecke ausgeben.

2. Die eiserne Reserve

Konto Nummer 2 ist für Notfälle und Unvorhergesehenes gedacht. Überweisen Sie jeden Monat einen fixen Betrag auf dieses Konto, um ein genügend großes finanzielles Polster zu haben, wenn die Strom- und Gasnachzahlung besonders hoch ist, die Waschmaschine den Geist aufgegeben hat oder die Autoreparatur aufwändiger als erwartet war. Gerade in Zeiten wie diesen können so schnell vierstellige Beträge zusammenkommen.

Um auf solche unvorhersehbaren Belastungen, die immer dann auf einen zukommen, wenn es finanziell gerade eng ist, vorbereitet zu sein, ist es ratsam, eine Reserve von etwa drei bis fünf Netto-Monatsgehältern auf diesem Konto anzulegen. Bei Selbstständigen sollten die Rücklagen höher sein, um auch Steuernachzahlungen oder höhere Krankenversicherungsbeiträge et cetera stemmen zu können.

3. Das Anschaffungskonto

Auch Spaß muss sein: Bei guter Planung sollte am Ende des Monats etwas Geld übrigbleiben. Das kann auf dieses Konto transferiert werden. Im Gegensatz zum zweiten Konto legt man das Geld nicht für Notfälle zurück, sondern für den Sommerurlaub, neue Möbel oder andere Dinge, die einem Spaß machen, wie ein neues Auto, Mountainbike und so weiter.

Um sich solche Wünsche erfüllen zu können, ist dieses Konto gedacht. Sie überweisen, was geht, was übrigbleibt und bilden auf diesem »Spaßkonto« Rücklagen, um sich Ihre Wünsche nicht auf Pump erfüllen zu müssen. Auch wenn die Schuldzinsen niedrig sind, gelten zwei goldene Regeln für Kredite. Erstens: Der beste Kredit ist der, den man nicht braucht. Zweitens: Kredite möglichst schnell zurückzahlen, um nicht in die Schuldenfalle zu tappen.

4. Das Vermögensaufbaukonto

Für den Vermögensaufbau und die Altersvorsorge können Sie unterschiedliche Sparpläne nutzen, etwa mithilfe von Fonds oder Indexfonds (ETFs). Hierbei genügt schon ein monatlicher Beitrag von 25 Euro, also rund 84 Cent pro Tag, um den Vermögensaufbau zu starten. Egal welche Vorsorgemaßnahmen man trifft, sie werden von diesem Konto abgebucht. Wichtig ist dabei, dass stets genügend Verfügungsbudget vorhanden ist, damit diese Beiträge abgebucht werden können, damit das Konto nicht überzogen wird.

Mit dem Vier-Konten-Modell haben Sie einen guten Überblick über Ihre Einnahmen und Ausgaben. Der einmalige Aufwand, so ein System einzurichten, zahlt sich langfristig aus und schränkt das Risiko erheblich ein, sich finanziell zu übernehmen. In wenigen Schritten können Sie das Vier-Konten-System einrichten:

1. **Ermittlung der monatlichen/jährlichen Fixkosten.** Dazu eignet sich eine Excel-Tabelle. Man kann die einzelnen Ausgaben gut abbilden und Rechenfehler werden vermieden.
2. **Konten eröffnen.** Nicht jede Bank gestattet, unterschiedliche Unterkonten anzulegen. Das ist aber kein Problem: In diesem Fall

können Sie bei Direktbanken im Internet neue Giro- oder Tagesgeldkonten einrichten. Es gibt auch Apps, wie etwa *finanzguru.de*, auf denen man Unterkonten einrichten und seine Ausgaben gut strukturieren und überblicken kann.

3. **Daueraufträge einrichten und Abläufe automatisieren.** Je nach Bank oder Kontensystem sind dafür unterschiedliche Schritte erforderlich. Mit den ermittelten Werten können entsprechende Daueraufträge auf den unterschiedlichen Konten eingerichtet werden.
4. **Auf Veränderungen reagieren.** Das Modell sollte möglichst rasch auf finanzielle Veränderungen angepasst werden. Das ist aktuell besonders wichtig, da die Preise schnell steigen können. Man denke etwa an die Energiepreise. Deshalb ist es wichtig, die Beträge/Ausgaben zu aktualisieren und zu überprüfen, ob die Gesamtrechnung noch aufgeht.

Wenn Sie bisher nur ein Konto hatten, können Sie sich bei diesem Modell anfangs überfordert fühlen. Wer seine Finanzen aber auf diese vier Töpfe aufteilt und regelmäßigen Geldeingang garantieren kann, kann neben seinen täglichen Ausgaben ohne großen Aufwand Rücklagen bilden und die Altersvorsorge sicherstellen. Zusätzlich zu den vier Konten sollten sie auch immer über eine Bargeldreserve verfügen.

WENN GELDAUSGABEAUTOMATEN KEIN BARGELD MEHR AUSGEBEN UND MAN AUCH MIT KREDITKARTEN NICHT MEHR WEITERKOMMT

Was tun? Der Wochenendeinkauf im Supermarkt ist in den Einkaufstüten verstaut, das Auto aufgetankt, ein gemütlicher Abend im Restaurant geht zu Ende und die EC-, Debit- oder Kredit-Karte funktioniert nicht. Bargeld hat man keines oder zu wenig dabei. In dieser unangenehmen und peinlichen Situation haben sich Ende Mai dieses Jahres Tausende Menschen in Deutschland befunden. Im ganzen Land konnte man selbstgebastelte Schilder mit der Aufschrift: »Nur Barzahlung möglich« sehen. Oft hingen sie direkt neben jenen, die die Kunden aufforderten, aus Hygienegründen nicht mit Scheinen und Münzen, sondern mit einer Karte zu zahlen. Doch das funktionierte nicht. Tagelang.

Das elektronische Bezahlsystem war großflächig ausgefallen, zahlreiche Handelsketten, Tankstellen und Restaurants waren betroffen. Grund dafür war, so der Bundesverband der electronic-cash-Netzbetreiber (BecN), ein »Softwarefehler«[30]. Die Behebung des Fehlers dauerte mehrere Tage, weil die neue Software anfangs direkt am jeweiligen Leseterminal eingespielt werden musste. Diese großflächige Störung führte vielen Bürgern vor Augen, wie abhängig sie von einer funktionierenden Infrastruktur sind. *Rien ne va plus*, ein Software-Fehler und nichts geht mehr. Der Zusammenbruch dieses Bezahlsystems war ein herber Rückschlag für jene, die seit Jahren das Bargeld verdammen und seine Abschaffung vorantreiben.

Viele Medien, die seit Jahren diese Politik unterstützen, mussten nun zähneknirschend berichten, dass es ohne Bargeld nicht geht.

Etwa die öffentlich-rechtlichen Anstalten: Der Bayrische Rundfunk, der zuvor berichtet hatte, dass Bargeld in Deutschland immer unbedeutender werde, musste nun seinen Lesern und Leserinnen im Internet den Ratschlag erteilen: »Beste Lösung: Bargeld mitnehmen.«[31]

Doch das tun immer weniger. 5,5 Milliarden Transaktionen wurden in Deutschland 2020 mit unterschiedlichen Karten durchgeführt. Wenn dieses System streikt, herrscht Chaos. Die Kunden, die bereits eingekauft hatten und nicht bezahlen konnten, mussten die Ware entweder im Geschäft lassen oder sich beim nächsten Geldautomaten Bares holen und zurückkommen. Schwieriger wurde es an Tankstellen und in Restaurants, wo man den bereits getankten Treibstoff oder die verspeiste Pizza nicht retournieren kann.

Tankstellen müssen schon an der Zapfsäule im Falle einer Störung darauf hinweisen, dass nur Bargeldzahlungen möglich sind. Ist das nicht der Fall oder der Kunde übersieht den Hinweis, kann es zu Komplikationen kommen. David Riechmann, Fachanwalt für Bank- und Kapitalmarktrecht: »In der Regel finden die Pächter aber eine Lösung.« Zum Beispiel, indem sie eine Rechnung ausstellen. »Das Recht ist auf Seiten des Tankstellenbetreibers: Wer wegfährt, ohne zu bezahlen, begeht Tankbetrug oder Unterschlagung – und muss mit strafrechtlichen Konsequenzen rechnen«, so Riechmann.[32]

Deshalb sollte man immer etwas Bargeld bei sich und stets genügend zu Hause haben. Das rät auch das Bundesamt für Bevölkerungsschutz und Katastrophenhilfe in seinem Ratgeber für Notfallvorsorge, ohne eine konkrete Summe anzugeben.

Die Österreichische Nationalbank rät, »ungefähr die Höhe eines doppelten Wocheneinkaufs des täglichen Lebens in niedrigen Stückelungen gut gesichert aufzubewahren. So können auch bei einem längeren Ausfall der elektronischen Zahlungsmöglichkeiten Bezahlvorgänge durchgeführt werden.«[33] Der österreichische Zivilschutz empfiehlt eine Bargeldreserve von 500 Euro in kleinen Scheinen. Durchschnittlich bewahren Privatpersonen in Deutschland laut einem Bericht im Nachrichtenmagazin *Focus* 1.364 Euro zu Hause oder in Schließfächern auf. Zu hohe, in die Tausende gehende Bargeldbeträge sollte man aber nicht daheim haben, selbst wenn das Geld vermeintlich gut versteckt oder sicher in einem Tresor verwahrt wird. Diebe kennen alle Verstecke, und Räuber können ihren Forderungen mit großer Brutalität Nachdruck verleihen; zudem kann auch ein Brand Ihr Bargeld vernichten.

Wer in seinem Portemonnaie stets ein paar kleinere Geldscheine hat, ist jedenfalls auf der sicheren Seite. Störungen bei der Kartenzahlung und Ausfälle bei Geldautomaten sind keine Seltenheit. Das betrifft nicht nur den einzelnen Geldautomaten, der »außer Betrieb« ist, auch flächendeckende regionale und überregionale Störungen kommen immer wieder vor. 2015 streikten Tausende Geldautomaten in Deutschland wegen eines »IT-Fehlers«, ein Jahr darauf kam es in Österreich zu großflächigen Ausfällen bei Geldautomaten und Bezahlterminals. Diesmal wegen einer »Netzwerkstörung«. 2018 waren die Sparda-Banken deutschlandweit lahmgelegt. Kunden konnten kein Geld am Automaten abheben und auch kein Online-Banking nutzen.

Wer nur noch Debit- und Kredit-Karten beziehungsweise Smartphone oder Smart-Watch mit Bezahl-App bei sich hat, ist bei solchen Ausfällen hilflos, selbst wenn sie nur kurze Zeit dauern, weil gerade ein Software-Update durchgeführt wird – was in den frühen Morgenstunden vorkommen kann – oder im Rechenzentrum ein Problem aufgetreten ist. Auch die Karte selbst kann defekt oder der Handyakku leer sein. Bargeld ist in solchen Fällen immer die beste Alternative. Hilfreich ist auch ein Vorrat an Nahrungsmitteln und Hygieneartikeln. Damit können Sie auch ein paar Tage ohne Einkauf gut überstehen. Wer viel mit dem Auto unterwegs ist, kann auch einen Kanister mit Reservetreibstoff mitführen. Der ADAC empfiehlt, aus Sicherheitsgründen aber nicht mehr als 10 Liter zusätzlich im Kofferraum zu transportieren.

Blackout in Deutschland – ein Szenario

Laut einem Bloomberg-Artikel vom 9. August 2021 bereitete sich Großbritannien schon damals auf ein Worst-Case-Szenario vor: Der Industrie, aber auch den Privathaushalten drohe für die kalte Jahreszeit ein 4-tägiger Stromausfall. Ähnlich düster sieht es auch in anderen Ländern aus. In Österreich wird beispielsweise der Supermarktriese Spar vom Krisenmanagement auf einen Stromausfall vorbereitet. Gegenüber dem ORF sagte der Pressesprecher Lukas Wiesmüller, dass die Belegschaft und das Unternehmen auf alle möglichen Szenarien vorbereitet werde, auch auf einen Blackout. Im Falle von Plünderungen solle man deeskalierend wirken. Wasser und Essen solle dann an Kunden abgegeben werden. Wie realistisch ist solch ein Szenario für Deutschland?

Unmittelbar nachdem die Lichter ausgegangen sind, bricht auch das Kommunikationsnetz zusammen. Trotz voller Akkus wird auch das Handy keinen Netzempfang mehr haben, weshalb das Bundesamt für Bevölkerungsschutz und Katastrophenhilfe jedem Bürger rät, ein batteriebetriebenes Radio oder ein Kurbelradio anzuschaffen, um die Mitteilungen der Behörden verfolgen zu können.

Insbesondere im Straßenverkehr verursacht ein Blackout schon nach wenigen Minuten das reinste Chaos. Ausgefallene Ampeln und Beleuchtungen können zu Autounfällen und Verletzten führen und fordern im schlimmsten Fall bereits die ersten Todesopfer. Patienten, die in den Krankenhäusern an lebenserhaltenden Maschinen angeschlossen sind, werden vorerst durch Notstromaggregate weiter versorgt. Doch mit jeder weiteren Stunde, in welcher der Blackout anhält, wird die Not größer. Durch eine unterbrochene Infrastruktur können die Menschen nicht mehr zu ihrem Arbeitsplatz gelangen. In vielen Bereichen droht Personalmangel. Wer jetzt nicht vorgesorgt hat, hat schlechte Karten, denn in den Supermärkten fallen nicht nur die Tiefkühlgeräte, sondern auch das Kassensystem aus. Zahlungen per EC-Karte sind nicht mehr möglich. An Bankautomaten kann man kein Geld mehr abheben. Gekühlte Lebensmittel tauen auf und drohen zu verderben. Wasser kommt mangels Druck nur noch tröpfelnd aus der Leitung.

Nach 24 Stunden wird von den Behörden der Katastrophenalarm ausgerufen. Auch wenn Polizei und Feuerwehr überall Patrouille fahren, um Informationen an die Bevölkerung weiterzugeben, wächst die Verunsicherung der meisten Menschen. Mit einem restlichen Bargeldbestand werden die Supermarktregale leergekauft, währenddessen in den Mastbetrieben das Vieh nicht mehr versorgt werden kann.

Nach 48 Stunden Blackout spitzt sich die Lage dramatisch zu. Nicht nur in den Krankenhäusern treten ernsthafte hygienische Probleme auf. Auch in den Altenheimen und auf den Straßen kann durch die mangelnde Müll- und Wasserversorgung keine Sauberkeit mehr sichergestellt werden. Obwohl die Feuerwehr versucht, die Kanalisation so gut es geht zu spülen, werden Ratten vor allem durch die wachsenden Müllberge angezogen. Krankheiten und Seuchen verbreiten sich. In den Krankenhäusern setzen allmählich auch die Notstromaggregate aus. Die Zahl der Todesopfer schnellt hoch. Medikamente werden knapp.

Nach spätestens drei Tagen Blackout nimmt die Verzweiflung der Bevölkerung zu. Vielen Menschen gehen die Lebensmittel aus, wodurch es nun verstärkt zu Plünderungen kommt. Auch die Anzahl von Raubüberfällen nimmt dramatisch zu, da viele die Gunst der Stunde nutzen, um auf Beutezug zu gehen. Kriminelle, die bis dahin noch in elektronisch gesicherten Gefängnissen saßen, gelingt nach und nach der Ausbruch. Die Kriminalitätsrate erklimmt einen neuen Höhepunkt.

Spätestens eine Woche nach dem Blackout geben die letzten Notstromaggregate in den Rechenzentren ihren Geist auf. Die Brennstäbe in den verbliebenen Atomkraftwerken in Deutschland können nicht mehr gekühlt werden. Es droht der Super-GAU.

Etwa so sieht ein Blackout-Szenario aus, welches bereits der österreichische Autor Marc Elsberg in seinem 2012 erschienenen Roman *Blackout – Morgen ist es zu spät* realitätsnah beschrieben hat. Allerdings wird Elsbergs Blackout-Szenario für einen großflächigen Stromausfall in ganz Europa durch einen Hackerangriff durchgespielt. Aktuell ist es aber bekanntlich der Ukraine-Krieg, der die Energiepreise explodieren lässt.

Angesichts rasant steigender Preise für Öl und Gas warnen nun Experten vor regionalen Stromausfällen. Der Grund: Um in der Gas-Krise nicht auf die horrenden Gaspreise angewiesen zu sein, haben sich viele Endverbraucher massenhaft mit strombetriebenen Heizlüftern eingedeckt. Laut *Tagesspiegel* seien in Deutschland bis Juni 2022 etwa 600.000 elektrische Heizgeräte verkauft worden. Das stellt ein Plus von knapp 35 Prozent dar. Martin Kleinmaier, Leiter des Fachbereichs Erzeugung und Speicherung elektrischer Energie im Verband VDE, warnt, dass der massive Gebrauch solcher Heizgeräte die Stromversorgung beeinträchtigen und zu regionalen Stromausfällen beitragen kann.

Was man in einer solch desaströsen Situation laut Empfehlungen des Bundesamts für Bevölkerungsschutz und Katastrophenhilfe neben einem Kurbelradio sonst noch im Haus haben sollte, lässt sich auf der Seite www.bbk.bund.de im Einzelnen nachlesen. Als kurze und knappe Empfehlung des BBK sollten Privathaushalte für zehn bis vierzehn Tage vorgesorgt haben. Das heißt, dass man für diese Zeitspanne ohne die Hilfe Dritter auskommen sollte.

Allerdings heißt es auf der Seite des BBK auch, dass sich das Büro für Technikfolgen-Abschätzung beim Deutschen Bundestag (TAB) 2010 intensiv mit einem Blackout-Szenario für mehrere Wochen beschäftigt habe. Die Folgen dieses Szenarios für die Gesellschaft wurden in einem ausführlichen Bericht fast schon lapidar in zwei Sätzen dargelegt. Im Ergebnis heißt es hier: »Die Wahrscheinlichkeit eines langandauernden und das Gebiet mehrerer Bundesländer betreffenden Stromausfalls mag gering sein. Träte dieser Fall aber ein, kämen die dadurch ausgelösten Folgen einer nationalen Katastrophe gleich«. Wohlgemerkt stammt dieser Bericht aus dem Jahr 2010. Seitdem sind knapp weitere 12 Jahre ins Land gezogen, mit wohl verheerenden Folgen für die nächsten Jahre. Man merke sich daher den zweiten Satz des oben angeführten Zitates sehr gut.

WAS TUN BEI EINEM ENERGIE-BLACKOUT?

»Stell dir vor, es geht das Licht aus, ja was würdest du dann tun?«, so der Text eines populären Schlagers aus den 1950er Jahren. Mit solch romantischen Vorstellungen hat ein Stromausfall wenig zu tun, vor allem, wenn es sich um einen sogenannten Blackout, also einen großflächigen und lange andauernden handelt. Dann geht gar nichts mehr: Das Handynetz ist tot, die Heizung springt nicht mehr an, aus der Leitung kommt kein Wasser, das Licht ist weg, die Geldautomaten streiken, die Krankenhäuser müssen auf Notstrombetrieb umstellen und so weiter.

Bei einem Blackout funktionieren die selbstverständlichsten Dinge nicht mehr. Alles steht still. Das ist eine Horrorvorstellung, die aber angesichts der aktuellen Entwicklungen sehr real geworden ist. Die Energiewende, also die Umstellung auf Wind- und Solarstrom, bei gleichzeitiger Abschaltung von Atomkraftwerken hat die Stromversorgung in Deutschland anfälliger für Netzausfälle gemacht. Ohne genügend Grundlastkraftwerke, die wetterunabhängig und zuverlässig Strom produzieren, sinkt die Versorgungssicherheit, auch wenn das von den Befürwortern der Energiewende gern in Abrede gestellt wird.

Es stellt sich nicht mehr die Frage, ob es zu einem Blackout kommt, sondern nur noch wann. Allein 2021 ist Europa zweimal knapp an einem länderübergreifenden Blackout vorbeigeschrammt. Im Januar 2021 kam es nach einer Störung in Südosteuropa zu einer starken Frequenzabsenkung im europäischen Stromnetz. Nur durch die Trennung des europaweiten Verbundnetzes in zwei Teile konnte damals ein Zusammenbruch der Stromversorgung in weiten Teilen Europas in letzter Sekunde verhindert werden.[34]

Gut ein Jahr später, noch vor dem Beginn des Kriegs in der Ukraine, berichtet die ARD-*Tagesschau*: »Ein plötzlicher längerer Stromausfall hätte in Deutschland katastrophale Folgen. Die Bundesrepublik ist nach Einschätzung des Versicherungsverbandes GDV auf ein solches Szenario nicht vorbereitet.«[35] Seither ist die Blackout-Gefahr aufgrund der schlechten Gasversorgung weiter gestiegen. Die insgesamt 38 deutschen Gaskraftwerke decken rund 13 Prozent des jährlichen Strombedarfs ab. Man braucht sie unter anderem, um die

Schwankungen, die durch den Wind- und Solarstrom zwangsläufig entstehen, ausgleichen zu können.

Bis vor kurzem war ein Blackout in der öffentlichen Wahrnehmung und der medialen Berichterstattung kaum ein Thema, wer sich damit auseinandersetzte oder sich gar auf ein solches Szenario vorbereitet hat, galt als sogenannter »Prepper« als komischer Kauz und ängstlicher Verschwörungsgläubiger. Aufgrund der aktuellen Entwicklung ist das Bewusstsein für die Gefahr zwar gestiegen, vorbereitet auf einen langanhaltenden Stromausfall sind aber nur wenige. Laut einer Umfrage in Österreich im Mai 2022 – in Deutschland sind die Zahlen ähnlich – haben nur 16 Prozent der Bevölkerung für einen solchen Notfall vorgesorgt. Sechs von zehn Befragten halten einen Blackout nach wie vor für unwahrscheinlich.[36]

Der Großteil der Bürger geht davon aus, dass im Fall des Falles der Staat ohnehin alle erforderlichen Maßnahmen ergreifen und die Bürger mit dem Notwendigsten versorgen wird. Das ist eine grobe Fehleinschätzung. Selbst staatliche Stellen, Politiker und Verbände raten mittlerweile verstärkt zur Eigenvorsorge, in dem Wissen, dass die Behörden, das Militär, das Technische Hilfswerk und die Blaulichtorganisationen bei einem Blackout selbst massiv überfordert sein werden.

Wenn großflächig die Lichter ausgehen, in einem Bundesland, in weiten Teilen Deutschlands oder gar länderübergreifend, bricht Chaos aus, zumal unser gesamtes öffentliches und privates Leben von einer kontinuierlichen Versorgung mit Strom abhängig ist: Nahrungsmittel-, Wasser- und Gesundheitsversorgung, Telekommunikation, Verkehrsinfrastruktur und so weiter. Eine Ahnung davon, welche weitreichenden Folgen ein Blackout haben kann, bekamen mehrere tausend Berliner aus dem Stadtteil Köpenick, als am 19. Februar 2019 ein Bagger bei Grabungsarbeiten eine Hauptstromleitung samt dem Ersatzkabel durchgetrennt hat. 30.000 Haushalte und 2.000 Betriebe waren 31 Stunden lang von der Stromversorgung abgeschnitten. Krankenhauspatienten mussten evakuiert werden, Schulen und Geschäfte blieben geschlossen, die Straßenbahn fuhr nicht mehr, in den Wohnungen funktionierten weder Kühlschränke und Heizungen noch Fernseher und Internet.

Selbst ein harmloser, lokaler Stromausfall fordert die Einsatzkräfte enorm und legt das öffentliche Leben weitgehend lahm. Trotzdem sind solche kurzen, lokalen Netzausfälle nicht mit einem Blackout zu vergleichen. Welche weitreichenden Folgen ein kompletter überregionaler Netzausfall hat, ist nur schwer vorstellbar. Zu Hause funktionieren keine elektrischen Systeme mehr, also Beleuchtung, Kühlschrank, Herd, Fernseher, Radio, Internet, Durchlauferhitzer, Heizung, Klimaanlage et cetera. In Hochhäusern fahren die Lifte nicht mehr. Und welche ältere Person schafft es schon bis in die achte Etage?

Im öffentlichen Raum fallen Ampeln und Beleuchtung aus, Tunnel müssen gesperrt werden. Ein Verkehrschaos und Unfälle sind die Folge. Diese wiederum blockieren die Straßen, die Einsatzkräfte sind heillos überfordert, Menschen kommen nicht mehr an ihre Arbeitsplätze. Züge, U- und Straßenbahnen stehen still, der Flugverkehr funktioniert nur noch im Notbetrieb. Auch die Versorgung mit Trinkwasser und die Entsorgung von Abwasser fallen großflächig aus, Handynetze, Radio- und TV-Stationen können noch eine Zeit lang mit Notstrom senden, aber viele Menschen können sie nicht mehr empfangen.

Im Handel fallen Kühlungen, Kassen-, Sicherheits- und Waagensysteme, Pumpen in Tankstellen, Schiebetüren in Geschäften, Rolltreppen und Lifte, aber auch Geldautomaten und Zahlungsterminals aus. In Betrieben wird die Produktion abrupt unterbrochen, Prozesse bleiben stehen und können nicht beendet werden. Kurz: Nichts geht mehr. Wenn der Strom überregional ausfällt, dauert es nur wenige Stunden, bis erste Versorgungsengpässe eintreten. Unsere vernetzte Infrastruktur, unsere komplexen Produktions- und Lieferketten sind zu 100 Prozent von einer verlässlichen Stromversorgung abhängig. Experten gehen davon aus, dass Polizei und Militär vor allem in Großstädten die Ordnung und Sicherheit angesichts eines solchen Zusammenbruchs nicht lange aufrechterhalten können.

Das sind allerdings nur Szenarien, da es bisher keine Erfahrungswerte gibt. Von einem langen Stromausfall, der große Teile eines Landes oder gar des Kontinents lahmlegt, ist Europa bisher verschont geblieben. Eben weil solche Erfahrungen fehlen, sollten Sie sich, angesichts der angespannten aktuellen Lage, auf einen solchen Zwischenfall einstellen und vorbereiten. Das erfordert weder einen großen zeitlichen noch finanziellen Aufwand. Das österreichische Bundesheer hat in seinem Ratgeber *Blackout – Und dann?* folgende Liste an Gegenständen zusammengestellt, die man für solche Notfälle zu Hause haben sollte:

- Radio mit Batterien (Autoradio),
- Taschen- bzw. Stirnlampen (inklusive genügend Ersatzbatterien),
- Kerzen, Zünder, Feuerlöscher,
- Wasser (Zwei Liter pro Person und Tag für etwa fünf Tage), Getränke, Tee, Kaffee,
- Haltbare Lebensmittel für zwei Wochen (Konserven, Nudeln, Reis etc.),
- Wichtige Medikamente für zwei Wochen,
- Erste-Hilfe-Ausrüstung,
- Hygieneartikel, Müllsäcke, Klebebänder, Kabelbinder,
- Gaskocher, Griller, Brennpaste,

- Bargeld in kleinen Scheinen und Münzen,
- Schlafsäcke, Decken, warme Kleidung,
- Spiele, Blöcke, Kugelschreiber,
- Auto immer halb vollgetankt.

Die Blackout-Experten des österreichischen Bundesheers raten, einen zweiwöchigen »Camping-Urlaub« für zu Hause zu planen, und alles aufzulisten, was man dafür benötigt. Jeder Haushalt hat besondere Anforderungen, abhängig von der Lage und davon, ob Kleinkinder, pflegebedürftige Personen oder Tiere im Haus sind. Die Gesellschaft für Krisenvorsorge[37] rät zudem:

- Den Krisenvorrat an Lebensmittel nicht auf einmal, sondern übers Jahr verteilt zu kaufen und diesen regelmäßig zu verbrauchen und zu ergänzen. Damit verhindert man, dass das Mindesthaltbarkeitsdatum abläuft. Wobei die meisten Lebensmittel wesentlich länger verzehrbar sind als angegeben.
- Eine Lagerung in Boxen, das erschwert den Schädlingsbefall und ist platzsparend.
- Kritischer als Kalorien- beziehungsweise Energiezufuhr ist die ausreichende Versorgung mit Flüssigkeit. Deshalb sind Wasservorräte besonders wichtig.
- Die notwendige Energiezufuhr kann auch mittels Energieriegel gedeckt werden. Das sättigt zwar nicht so gut, macht die Bevorratung aber einfacher.

»Wir haben die Illusion, dass immer alles da ist und da sein wird. Das ist eine falsche Erwartung«[38], so Blackout- und Krisenvorsorge-Experte Herbert Saurugg. Auch er rät für rund zwei Wochen vorzusorgen: »Die Basis ist, dass man 14 Tage autark überleben kann.« Wenn der Strom großflächig ausfällt, müssen auch Geschäfte, Tankstellen und Apotheken schließen, weil Kühlanlagen, Tür-, Sicherheits- und Bezahlsysteme, Beleuchtung, die Vernetzung mit den Zentralen und vor allem die Lieferketten, sprich die Versorgung mit Waren ausfallen. Auch bei Online-Händlern, den Lebensmittelzustellern und Essenslieferanten läuft dann nichts mehr, weil Internet und Handy nicht mehr funktionieren und im Straßenverkehr Chaos herrscht.

Das Bundesamt für Bevölkerungsschutz und Katastrophenhilfe (BBK) empfiehlt deshalb, einen ausreichenden Vorrat an Wasser, Lebensmitteln und wichtigen Medikamenten anzulegen, um in Notfällen vorbereitet zu sein. Damit hat man nicht nur für sich und seine Angehörigen vorgesorgt, man entlastet damit auch die Einsatzkräfte und verhindert ein größeres Chaos: »Wenn möglichst viele Menschen es schaffen, sich zwei Wochen über Wasser zu halten, schaffen wir es auch, die Systeme wieder hochzufahren«, so Saurugg.

Auch ausreichend Bargeld sollte man zu Hause haben. Geldautomaten, Kassen- und elektronische Bezahlsysteme fallen bei einem Stromausfall sofort aus. Alle Bankgeschäfte, die Sicherung von Werten (Schließfächer et cetera) und das Abheben von Bargeld sind stromabhängig. Allerdings wird bei einem Blackout auch das Geldausgeben stark eingeschränkt sein, weil die meisten Geschäfte geschlossen bleiben. Trotzdem besteht die Möglichkeit, dass einzelne Handelsketten alternative Möglichkeiten finden, ihre Waren zu verkaufen, und kleine, flexiblere Läden, die weniger abhängig von großen Strukturen sind, wie der kleine Orientshop, der Bauern- und Gemüseladen, werden vermutlich auch ohne Strom zumindest eine Zeit lang weiter offenhalten können. Zudem besteht die Möglichkeit, mit Bargeld Lebensmittel beim Nachbarn, Bauern und auf lokalen Märkten zu kaufen.

Blackouts können sehr lange dauern. Selbst wenn die Stromversorgung nach wenigen Tagen wiederhergestellt ist, kann es weitere Tage oder sogar Wochen und in einigen Bereichen sogar Monate (Landwirtschaft, Viehzucht et cetera) dauern, bis die gesamte Infrastruktur wieder funktioniert und Normalität herrscht.

Ein Blackout verläuft in drei Phasen:

- Phase 1: kein Strom, totaler Stillstand (Stunden);
- Phase 2: keine Telekommunikation, Stillstand (Tage);
- Phase 3: Wiederhochfahren der Infrastrukturen und Wiederherstellung der Versorgung (Wochen, Monate)[39].

Je großflächiger der Stromausfall ist, desto langwieriger ist Phase drei, zumal viele Kraftwerke selbst Strom benötigen, um in Betrieb genommen werden zu können. Vor allem Wasserkraftwerke verfügen über eine sogenannte Schwarzstartfähigkeit, können also unabhängig vom Stromnetz hochgefahren werden. Einzelne Teilnetze müssen nach und nach wieder versorgt und miteinander synchronisiert werden. Bei diesem Vorgang kann es immer wieder zu Überlastungen kommen, die Netzbetreiber müssen versuchen, die Netze zu stabilisieren. Zudem kann ein Blackout bei vielen elektronischen und digitalen Systemen Schäden verursachen. Experten gehen nach einem Blackout von bis zu 30 Prozent Hardware-Ausfällen aus.

Bis alles wie gewohnt läuft, Lieferketten nicht mehr unterbrochen sind, elektronische Bezahlsysteme funktionieren, die landwirtschaftliche und industrielle Produktion läuft und die Online-Systeme wieder arbeiten, können mehrere Wochen vergehen. Für diese Zeit können Bargeld und alternative Zahlungsmittel wie Gold-, Silber- oder Sammlermünzen äußerst hilfreich sein. Das Bargeld sollten sie in kleinen Scheinen aufbewahren. Das erleichtert den Einkauf, da in einer solchen Notsituation Geld zu wechseln oft schwierig sein kann. Auch bei den alternativen Zahlungsmitteln beziehungsweise Sachwerten wie Edelmetallen ist es von Vorteil, einen Teil davon in kleinen Einheiten (zum Beispiel Silbermünzen) aufzubewahren. Sie werden verwendet, wie wir von Krisen vergangener Zeiten wissen, wenn es zu längeren Ausfällen kommen sollte.

Am besten kommt man erst gar nicht in die Verlegenheit, sich bereits nach wenigen Tagen Lebensmittel, Medikamente oder Trinkwasser besorgen zu müssen. Das kann vor allem in Großstädten riskant sein. Experten und Sicherheitskräfte gehen davon aus, dass bei geschlossenen Geschäften und knapper werdenden Lebensmitteln Diebstähle zunehmen sowie Plünderungen und Unruhen ausbrechen können. Mit einem Vorrat an den notwendigsten Lebensmitteln, Wasser und Medikamenten können Sie und Ihre Familie einen Blackout am sichersten überstehen.

KAPITEL 3
SO WÄHLEN SIE DEN INDIVIDUELL PASSENDEN VERSICHERUNGS-SCHUTZ

Kennen Sie das Versicherungsparadoxon? Es besagt ganz banal, dass Menschen, die an und für sich einen weitreichenden Versicherungsschutz benötigen, in der Regel über nicht genug Geld verfügen, um sich diese Absicherung in vollem Umfang leisten zu können. Mithin bleiben also zum Teil beträchtliche Restrisiken. Menschen wiederum mit großem Vermögen und entsprechend hohem Einkommen brauchen nur einen punktuellen Versicherungsschutz – etwa für den Krankheitsfall. Alle anderen Risiken können Sie mit ihren Rückstellungen abdecken. Wer zum Beispiel über ein hohes zweistelliges Millionenvermögen verfügt, für den ist ein Schaden von 100.000 Euro natürlich ärgerlich, aber er wirft ihn nicht wirtschaftlich aus der Bahn. Für »Normalverdiener« hingegen kommt es darauf an, die größten Lebensrisiken abzusichern, also die richtigen Prioritäten zu setzen. Daran hapert es bisweilen, und das, obgleich sich die Deutschen ihre individuelle Absicherung einiges kosten lassen. Laut Statista etwa 125 Euro pro Monat, somit jährlich also 15.000 Euro[40]. Im Jahr 2009 lag der monatliche Versicherungsaufwand übrigens noch bei 85 Euro. Das heißt, der Versicherungsbedarf ist deutlich gestiegen (oder aber, die Vermittler haben gute Arbeit geleistet). Oft ist deshalb die Feststellung zu hören, die Deutschen seien »überversichert«. Das mag in manchen Fällen zutreffen, generell kann indessen davon keine Rede sein. Bei der Analyse der individuellen Absicherung stößt man aber häufig auf falsche Prioritätensetzungen.

»VERSICHERUNGSPHILOSOPHIE«

Bleiben wir bei den Prioritäten, schließlich muss man auch beim Versicherungsschutz die vorhandenen finanziellen Mittel möglichst effizient einsetzen. Welche Risiken sollten Sie für Ihr ganz persönliches Risikomanagement also unbedingt abdecken? Gestatten Sie, dass ich mit einer scheinbar simplen Frage beginne, die uns aber sehr schnell auf den Punkt bringt: Wozu wurden Versicherungen eigentlich »erfunden«? Sicherlich nicht, um die Kosten für eine Smartphone-Reparatur abzudecken oder eine verlorene Brille zu ersetzen. Es geht vielmehr um die großen, existenzbedrohenden Risiken des Lebens. Dazu gehören in erster Linie schwere Krankheiten, Berufsunfähigkeit, hohe Schadenersatzansprüche, schwere Schäden an der eigenen Immobilie, die Versorgung von Hinterbliebenen im Todesfall und so weiter.

Mit anderen schweren Risiken, die geradezu apokalyptische Ausmaße annehmen können, rechnen die Menschen in der Regel nicht; zudem lassen sich solche Risiken schwer bis gar nicht versichern. Ein solches Ereignis war zum Beispiel die Flutkatastrophe im Ahrtal im Juli 2021, der in Deutschland etwa 190 Menschen zum Opfer gefallen sind. Der Rückversicherer Münchner Rück schätzte den Schaden allein in der Bundesrepublik und den besonders betroffenen Bundesländern Nordrhein-Westfalen und Rheinland-Pfalz auf mindestens 33 Milliarden Euro[41]. Und natürlich können Sie sich auch nicht gegen Pandemien oder politischen Wahnsinn wie Kriege absichern. Immerhin besteht zumindest die Möglichkeit, seine Immobilie mit einer Elementarschadenversicherung zum Beispiel gegen Überschwemmungen, Erdbeben, Lawinen und sogar Vulkanausbrüche abzusichern.

Wenn Sie Ihren individuellen Versicherungsbedarf identifiziert haben, wäre in einem zweiten Schritt zu prüfen, inwieweit bereits Versicherungsschutz besteht. Doppelt genäht mag zwar besser halten, zweifachen Schutz mit entsprechend hohen Kosten jedoch braucht kein Mensch. Wenn Sie zum Beispiel – wie über 80 Prozent der Deutschen – vernünftigerweise eine private Haftpflichtpolice unterhalten, dann wehrt diese Versicherung unberechtigte Schadenersatzansprüche gegen Sie ab. Sie brauchen also nicht zwangsläufig einen Anwalt und somit auch keine Rechtsschutzversicherung. Sind Sie Mitglied einer Gewerkschaft, dann wird Sie diese in arbeitsrechtlichen Streitigkeiten vertreten. Und falls Sie eine ADAC Plus-Mitgliedschaft unterhalten, profitieren Sie im Fall der Fälle vom Krankenrücktransport aus dem Ausland nach Deutschland, auch ohne Auslandsreisekrankenversicherung.

PRIVATE HAFTPFLICHTVERSICHERUNG - GÜNSTIG UND WICHTIG

Um zu verdeutlichen, weshalb eine Private Haftpflichtpolice eigentlich unverzichtbar ist, genügt ein kurzer Blick ins Bürgerliche Gesetzbuch (BGB). Dort heißt es in Paragraph 823: »Wer vorsätzlich oder fahrlässig das Leben, den Körper, die Gesundheit, die Freiheit, das Eigentum oder ein sonstiges Recht eines anderen widerrechtlich verletzt, ist dem anderen zum Ersatz des daraus entstehenden Schadens verpflichtet«.

Nicht immer bleibt es bei einem kleinen Schaden, den Sie einem Dritten zufügen. Eine Unachtsamkeit Ihrerseits kann einem anderen Menschen erhebliche gesundheitliche Schäden zufügen – und dann gehen die Ansprüche sehr schnell in den sechs- oder gar siebenstelligen Bereich. Für die meisten Betroffenen bedeutet dies: Privatinsolvenz, wirtschaftliche Existenzvernichtung. Während aber bekanntlich die Kfz-Haftpflichtversicherung obligatorisch ist und Sie ohne entsprechenden Nachweis keine Zulassung für Ihr Auto bekommen, zwingt Sie niemand zum Abschluss einer Privaten Haftpflichtversicherung – höchstens der gesunde Menschenverstand. Statistiken zufolge glauben aber immer noch rund 17 Prozent aller deutschen Haushalte, ohne diese Police auskommen zu können. Ein gefährliches Vabanque-Spiel.

Ein Beispiel: Eine kleine Unachtsamkeit beim Einkaufen – und schon ist es geschehen: Eine Radfahrerin stürzt und verletzt sich so schwer, dass sie zunächst ins Krankenhaus und dann in die Reha muss. Haben Sie den Unfall verschuldet, müssen Sie nicht nur für die Behandlungskosten aufkommen, sondern obendrein noch Schmerzensgeld zahlen und der Radfahrerin den Verdienstausfall ersetzen. In einem solchen Fall droht sehr schnell die wirtschaftliche

Existenzgefährdung. Einer der wichtigsten Punkte in Ihrem individuellen Krisenmanagement muss daher die Absicherung gegenüber existenzgefährdenden oder -vernichtenden Schadenersatzansprüchen mithilfe einer Privaten Haftpflichtversicherung sein.

Die erfreuliche Nachricht: Diese Police gehört mit zu den besonders günstigen. Eine Familie kann sich schon mit einem Jahresbeitrag von 50 Euro gut absichern. Und der ist im Übrigen sogar steuerlich absetzbar. Allerdings sollten Sie unbedingt auf eine ausreichend hohe Versicherungssumme achten. Denn die gesetzliche Haftung ist unbegrenzt, also sollte auch die Deckungssumme der Police sehr hoch sein. Experten empfehlen eine Deckungssumme von 50 Millionen Euro. Außerdem sollte für jede geschädigte Person mindestens 10 Millionen Euro Deckungssumme zur Verfügung stehen. Reicht die Deckung nicht aus, um für die Folgekosten eines von Ihnen verursachten Schadens aufzukommen, müssen Sie mit Ihrem Privatvermögen einspringen.

Wichtig zu wissen: Nicht alle Schadensfälle werden von einer Privaten Haftpflichtpolice abgedeckt. Nicht versichert sind zum Beispiel Schäden am eigenen Körper, vorsätzlich verursachte Schäden, Schäden aus strafbaren Vergehen, Schäden, welche die Kfz-Haftpflichtversicherung abdeckt sowie Schäden durch Hunde.

Wie an anderer Stelle schon erwähnt, wehrt eine Private Haftpflichtversicherung auch unberechtigte Schadenersatzansprüche ab. Sie müssen also keine Anwaltskosten zahlen und auch nicht unbedingt eine Rechtsschutzversicherung unterhalten.

Wie im gesamten Versicherungskapitel des vorliegenden Buches verzichte ich auch beim Thema Private Haftpflichtversicherungen bewusst darauf, bestimmte Versicherer zu empfehlen. Zum einen, weil sich die Tarife schon mittelfristig ändern könnten und die Top-Empfehlung von heute schon morgen irgendwo im Mittelfeld rangieren könnte, und zum zweiten, weil dies keine Werbeplattform für Versicherer ist. Sie finden aber im Internet zahlreiche empfehlenswerte Tipps, zum Beispiel Tests und Empfehlungen der Stiftung Warentest oder Check24.de.

KRANKENVERSICHERUNGEN – »UND VOR ALLEM GESUNDHEIT«

Gestatten Sie zwei Fragen vorab: Wer ist für Sie der wichtigste Mensch in Ihrem Leben? Bevor Sie nun beginnen, in Ihrem Familien- und Freundeskreis Prioritäten zu setzen, möchte ich Sie von der Qual der Wahl erlösen, weil die Antwort auf diese Frage ein wichtiges Element in Ihrem ganz persönlichen Risikomanagement darstellt. Der wichtigste Mensch in Ihrem Leben – das sind Sie selbst. Eine solche Aussage mag für empfindsame Gemüter zunächst vielleicht etwas egozentrisch klingen, doch die Argumentation hat die Logik auf ihrer Seite. Wenn Sie krank sind oder in eine Existenzkrise geraten, bringt Sie auch gutgemeinter Altruismus nicht weiter. Passen Sie also gut auf sich auf, denn damit erweisen Sie auch Ihren Lieben und Liebsten einen geschätzten Dienst.

Zur zweiten Frage: Was, glauben Sie, ist der größte und wichtigste Vermögensposten in Ihrem Leben. Ihr Kontoguthaben, Ihr Wertpapierdepot? Ihr Immobilienbesitz? Weit gefehlt. Der mit Abstand wichtigste Vermögensposten ist nichts anderes als Ihre Arbeitskraft. Oder anders formuliert: Ihre Fähigkeit, Geld zu verdienen. Ihre wirtschaftliche Zukunft hängt geradezu auf Gedeih und Verderb vom Zustand Ihrer Arbeitskraft ab. Es sei denn, Sie verfügen über ein beachtliches Vermögen, das dann aber schon mindestens im zweistelligen Millionenbereich angesiedelt sein müsste. Und wer ist schon in einer solch beneidenswerten Lage?

Weshalb ich an dieser Stelle an Sie appelliere, in Ihrem Risikomanagement zuerst an sich selbst zu denken? Weil immer wieder festzustellen ist, dass sich viele Menschen wenig Gedanken machen, was passiert, wenn sie ihre Arbeitsleistung nicht mehr erbringen können, wenn sie krank oder gar erwerbsunfähig sind.

Die beiden folgenden Faktoren sollten Sie daher angemessen in Ihrem Risikomanagement berücksichtigen:

- die vorübergehende Beeinträchtigung Ihrer Arbeitskraft infolge einer Krankheit oder eines Unfalls,
- die anhaltende Beeinträchtigung Ihrer Arbeitskraft (Berufs- oder Erwerbsunfähigkeit).

Bleiben wir zunächst beim Risiko eines Krankheitsfalls. Wann immer jemandem zum Geburtstag gratuliert wird, darf der Wunsch nicht fehlen »... und vor allen Dingen Gesundheit«. Und das kommt nicht von ungefähr. Tatsächlich gehört eine Erkrankung oder auch ein ernster Krankheitsfall in Ihrer Familie zu den gravierendsten Lebensrisiken. Damit zu den Sorgen nicht auch noch finanzielle Engpässe hinzukommen, sollten Sie ausreichend versichert sein. Das gilt in besonderem Maße für Selbstständige, die nicht von der Lohnfortzahlung durch den Arbeitgeber profitieren.

Die meisten Menschen sind Mitglieder in einer Gesetzlichen Krankenversicherung. Auch hierbei gilt es, die konkreten Leistungen zu vergleichen und gegebenenfalls in eine günstigere Kasse zu wechseln. Tatsächlich sind Krankheitskosten sowohl bei den Gesetzlichen Krankenversicherungen (GKV) als auch bei den Privaten Krankenversicherungen (PKV) ausreichend versicherbar. Die PKV zeichnet sich durch Vor- und Nachteile aus. Als »Privatpatient« bekommen Sie bei Fachärzten oft (nicht immer) schneller einen Termin; außerdem können Sie Privatärzte aufsuchen, bei denen es in der Regel individueller zugeht als bei Kassenärzten. In jungen Jahren profitieren Sie bei der PKV von günstigeren Tarifen (sofern Sie allein versichert sind und Ihr Partner oder Ihre Partnerin sowie die Kinder separat). Dafür steigen die PKV-Beiträge im Alter leider noch immer drastisch – trotz der mittlerweile vorgeschriebenen Altersrückstellungen.

Bleiben wir noch einen Moment bei der PKV. Vermutlich ist Ihnen der Begriff »Selbstbehalt« geläufig. Er gibt an, welchen Beitrag Sie für Ihre Arztbehandlungen und Medikamente aus eigener Tasche zahlen müssen, bevor die Versicherung einspringt. Es mag ja durchaus nachvollziehbar sein, dass jüngere Versicherte in dem Bestreben, ihre Kosten möglichst gering zu halten, einen möglichst niedrigen Selbstbehalt wählen. Wer am Beginn seiner Karriere steht, kommt mit einem Selbstbehalt von 500 Euro jährlich ganz gut zurecht. Später aber, wenn das Einkommen steigt, sollte auch der Selbstbehalt angepasst werden – also je nach den finanziellen Möglichkeiten verdoppelt oder verdreifach werden. Dadurch senken Sie Ihre monatlichen Beiträge, und das gesparte Geld kann zum Beispiel in einen Aktien-Sparplan fließen. Selbst wenn dies nur vergleichsweise geringe Beträge sein sollten, kommt im Laufe von 20 oder 30 Jahren bei einem performancestarken Aktienfonds einiges zusammen. Dieses kleine Vermögen können Sie dann dazu verwenden, ihre PKV-Beiträge im Alter sozusagen aus eigener Tasche zu »subventionieren«. Das häufig zitierte »Schubladen-Denken« mag oftmals falsch sein. Wenn es aber um Ihre Versicherung geht, gibt es keine bessere Strategie. Denken Sie in Schubladenkategorien: Wo lassen sich Prämien sparen (nicht nur in der PKV). Wie kann ich diese ersparten Prämien anderweitig verwenden, um somit einen sehr viel wichtigeren Versicherungsschutz (zum Beispiel die Berufsunfähigkeitsversicherung, auf die ich gleich eingehen werden) zu kaufen?

Es gibt bekanntlich Zeitgenossen, die munter Äpfel mit Birnen vergleichen und hernach erstaunt sind, wenn nur Kompott herauskommt. Nehmen Sie die Angebote der Privaten Krankenversicherungen stets nach Ihren ganz persönlichen Kriterien unter die Lupe. Erstellen Sie Ihre individuelle Checkliste, bevor Sie einen entsprechenden PKV-Vertrag unterscheiben:

- Wo liegen Ihre persönlichen Prioritäten? Muss es unbedingt die Luxusbehandlung im Krankenhaus sein, oder ist es nicht viel sinnvoller, sich ein höheres Krankentagegeld zu sichern?
- Überlegen Sie, bis zu welchem Betrag Sie selbst für Behandlung und Medikamente aufkommen wollen oder können. Daraus ergibt sich die Höhe des jährlichen Selbstbehalts. Wie erwähnt, ist es günstiger, einen höheren Selbstbehalt zu akzeptieren und die gesparten Prämien dazu zu verwenden, Vorsorge für die im Alter steigenden Beiträge zu treffen (zum Beispiel durch monatliche Einzahlungen in einen Aktienfonds-Sparplan).
- Fragen Sie auch nach Beitragsrückerstattung beziehungsweise nach eventuellen Bonussystemen als »Belohnung«, wenn Sie keine Versicherungsleistung in Anspruch nehmen.

BERUFSUNFÄHIGKEITSVERSICHERUNG: WENN DIE ARBEITSKRAFT VERLORENGEHT

Kann Sie schon eine längere Krankheit bei nicht ausreichender Absicherung in finanzielle Bedrängnis bringen, so steht bei einer anhaltenden Beeinträchtigung Ihrer Arbeitskraft durch Krankheit oder Unfall gleich Ihre wirtschaftliche Existenz auf dem Spiel. Es liegt in der Natur des Menschen, solche Gedanken zu verdrängen. Schließlich will man ja das Leben genießen. Wer denkt da schon an eine schwere Erkrankung mit anschließender Berufsunfähigkeit? Und dennoch ist dies ein erhebliches Risiko, das mithin zwingend eine wichtige Rolle in Ihrem ganz persönlichen Krisenmanagement spielen sollte.

Die Berufsunfähigkeits-(BU)-Versicherung zahlt Ihnen eine monatliche Rente, wenn Sie aus gesundheitlichen Gründen in Ihrem aktuellen Beruf nicht mehr arbeiten können. Es spielt also keine Rolle, welchen Beruf Sie früher einmal ausgeübt haben; relevant für die Versicherungsleistung ist Ihre Tätigkeit, die Sie zum Zeitpunkt des Eintritts der Berufsunfähigkeit ausgeübt haben.[42]

Eine BU-Police ist nicht gerade günstig. Und im Fall der Fälle müssen der Betroffene und gegebenenfalls seine Angehörigen oft mit viel Papierkrieg und Laufereien rechnen, bevor der Versicherer leistet. Auch das gehört zur ganzen Wahrheit. Mitunter kann es sogar zu einem Rechtsstreit zwischen dem Versicherten und seiner Versicherung kommen. Manche Experten empfehlen daher, parallel zur BU-Police auch eine Rechtsschutzversicherung abzuschließen (freilich nicht bei derselben Versicherungsgesellschaft). Sie sehen also, die Absicherung dieses Risikos kann sehr teuer werden, und man sollte sich überlegen, ob man sich die regelmäßigen Beiträge langfristig leisten kann. Sollte das nicht möglich sein, so empfiehlt es sich, zumindest die beruflichen Folgen eines Unfalls zu versichern (Unfallversicherung). Weitergehenden Schutz bietet eine Dread Disease Police, die bei schweren Krankheiten leistet, in der Regel aber deutlich günstiger ist als eine BU-Police. Eine Dread-Disease-Versicherung zahlt einmalig einen bestimmten Betrag (also keine regelmäßige Rente). Zu den von einer Dread Disease abgedeckten schweren Krankheiten gehören üblicherweise Herzinfarkt, Schlaganfall, Krebs, Alzheimer-Demenz und andere neurologische Erkrankungen, Multiple Sklerose sowie der Verlust von elementaren Fähigkeiten wie Sehen und Hören. Fragen Sie vor dem Abschluss einer solchen Police also unbedingt nach, welche Krankheiten der Versicherungsvertrag im Einzelnen umfasst.

Wie bereits ausgeführt, zählt eine BU-Police (oder zumindest eine teilweise Absicherung durch Dread Disease und/oder Unfallversicherung) zu den wichtigsten Bestandteilen des privaten Risikomanagements. Andererseits muss man, wie erwähnt, dafür recht tief in die Tasche greifen – und wenn Sie Vorerkrankungen aufweisen, dürfte es schwer werden, überhaupt einen Versicherer zu finden. Selbst Übergewicht wirkt sich bereits beitragserhöhend aus. Bei der HUK24 etwa zahlte ein Maurer ohne Vorerkrankungen, 35 Jahre alt, einen monatlichen Beitrag von 253 Euro. Weist der Maurer Übergewicht auf und gönnt sich ab und zu eine Zigarette, steigt der monatliche Beitrag auf 302 Euro[43]. Auch wenn Sie gefährliche Sportarten treiben, müssen Sie mit höheren Beiträgen rechnen. Diese individuellen Risiken zu verschweigen, ist gefährlich, denn in diesem Fall kann es sein, dass die Versicherung ihre Leistung im BU-Fall verweigert.

Wer braucht also eine BU-Police und wer nicht?

Eine BU-Police sollte/n haben

- wer ausschließlich oder in starkem Umfang von seinem Erwerbseinkommen abhängt.
- wer über keine größeren Rücklagen verfügt und im Fall der Fälle auf die gesetzliche Erwerbsminderungsrente angewiesen wäre. Diese lag im Jahr 2020 im Schnitt nur bei 882 Euro pro Monat. Außerdem: Im Jahr 2020 wurden 42 Prozent aller Anträge auf Erwerbsminderungsrente abgelehnt.[44]
- wer noch viele Jahre bis zum Bezug seiner gesetzlichen Rente (oder privaten Rente beziehungsweise Firmenrente) arbeiten muss. Tritt hingegen die Berufsunfähigkeit 2 oder 3 Jahre vor Beginn der regulären Rente ein, lässt sich diese Lücke oft mit Rücklagen überbrücken. Je jünger also der oder die Erwerbstätige ist, desto wichtiger ist eine BU-Police (außerdem sind die Beiträge bei jungen und gesunden Menschen naturgemäß günstiger als bei älteren Beschäftigten).
- Selbstständige, die meist nicht gesetzlich rentenversichert sind.

Eine BU-Police braucht nicht

- wer über große Rücklagen (Erbschaft oder Ähnliches) verfügt. Allerdings sollte es dann schon eine siebenstellige Summe sein. Denn bedenken Sie: Wer 1 Million auf der hohen Kante hat und im Fall der Berufsunfähigkeit monatlich circa 4.700 Euro entnimmt, den trägt sein Kapital bei einer durchschnittlichen Verzinsung von 3 Prozent p. a. gerade einmal 25 Jahre. Tritt die BU schon mit 35 Jahren ein, könnte also sogar die Million knapp werden, um damit bis zum Altersrenteneintritt zu gelangen.

- wer einen relativ ungefährlichen (Büro-)Job ausübt, gesund lebt und keine gefährlichen Sportarten ausübt. Für ihn ist eine Dread-Disease-Police meist die günstigere Alternative.

RISIKOLEBENSVERSICHERUNG: ABSICHERUNG FÜR DIE ANGEHÖRIGEN

Während die Kapitallebensversicherung (KLV), die den Todesfall versichert (Leistung an die Begünstigten) und gleichzeitig Kapital für den Ruhestand aufbaut, seit Jahren angesichts von Magerrenditen und hohen Abschlusskosten ein Auslaufmodell ist, scheint die Risikolebensversicherung (Risiko-LV) ein durchaus sinnvolles und relativ transparentes Produkt zu sein. Sie sichert während der Laufzeit der Police die finanziellen Folgen des Todesfalls des Versicherungsnehmers ab. Stirbt also Herr A erhält Frau B (sofern sie als Begünstigte im Versicherungsvertrag vermerkt ist) eine feste Summe ausgezahlt, also zum Beispiel 200.000 Euro. »Überlebt« der Versicherte die Laufzeit der Police, hat er keine Ansprüche mehr – und die Versicherung hat das Geschäft gemacht. Eine Risikolebensversicherung sollte daher ein Bestandteil Ihrer individuellen Risikovorsorge sein, wenn Ihre Angehörigen im Fall Ihres Todes auf hohen Schulden sitzen blieben – vor allem Immobilienschulden. Je höher der Finanzierungsanteil beim Kauf eines Hauses oder einer Wohnung ist, desto wichtiger ist eine Risikolebensversicherung in angemessener Höhe.

Sinnvoll ist eine solche Police auch dann, wenn eine Familie zum überwiegenden Teil vom Einkommen eines Erwerbstätigen lebt. Fällt der weg, drohen erhebliche finanzielle Engpässe. Ist ein Paar nicht verheiratet, sollte es ebenfalls über den Abschluss einer Risikolebensversicherung nachdenken. Denn stirbt der eine, erhält der oder die Hinterbliebene keine Witwenrente. Eine Risiko-LV mit Partner lässt sich auf drei Wegen realisieren:

1. Das Paar schließt einen gemeinsamen Vertrag ab, beide setzen sich als Begünstigte ein. Egal, welcher Partner stirbt, der andere erhält in diesem Fall die Versicherungsleistung.
2. Das Paar schließt einen sogenannten Überkreuz-Vertrag ab. Das Prinzip ist simpel: Sie und Ihr Partner oder Ihre Partnerin versichern sich gegenseitig – also über Kreuz – und schließen jeweils einen Vertrag pro bezugsberechtigter/versicherter Person ab. Der Vorteil gegenüber Variante 1: Nach dem Tod eines Partners läuft der Vertrag nicht aus. Vielmehr bleibt der Vertrag des Überlebenden bestehen. Für diese Police kann dann ein neuer Bezugsberechtigter gewählt werden (zum Beispiel der Sohn oder die Tochter).
3. Jeder schließt einen eigenen Vertrag ab und setzt den jeweils anderen als Begünstigten ein. Doch Vorsicht: Bei dieser Lösung kann Erbschaftsteuer anfallen.

Alleinerziehende können übrigens auch eine Risikolebensversicherung zugunsten ihrer Kinder abschließen. Im Gegensatz zur eingangs erwähnten Kapitallebensversicherung ist die Risikolebensversicherung, die kein Kapitalpolster aufbaut, sondern nur das Todesfallrisiko abdeckt, deutlich günstiger. Für eine Versicherungssumme von 200.000 Euro muss man mit Jahresbeiträgen zwischen 100 und 300 Euro rechnen.

WOHNGEBÄUDEVERSICHERUNG: SCHÜTZEN SIE IHRE EIGENEN VIER WÄNDE

Für die meisten Menschen stellt der Kauf der eigenen Immobilie die größte Investition ihres Lebens dar. In der Regel geht damit eine hohe Verschuldung einher, da nur wenige Glückliche in der Lage sind, die hohen Immobilienpreise in Deutschland, Österreich und der Schweiz aus eigenen Rücklagen komplett zu zahlen. Sowohl das eigene Geld (eingebrachtes Eigenkapital) als auch das Fremdkapital der Bank stecken also in der Immobilie. Ein Haus oder eine Eigentumswohnung in guter Lage sind sehr werthaltig und werden von den Banken daher gern als Sicherheiten auch für hohe Darlehensbeträge akzeptiert. Doch stellen Sie sich vor, in Ihrer Immobilie bricht ein Brand aus, der große Teile Ihres Hauses oder Ihrer Eigentumswohnung zerstört. Für viele bedeutet dies ein existenzgefährdendes Risiko, denn natürlich müssen Sie Zinsen und Tilgung für Ihr Immobiliendarlehen weiter zahlen, auch wenn Ihre eigenen vier Wände in Flammen aufgegangen sind. Aber es muss ja nicht gleich zum Schlimmsten kommen. Ein schwerer Sturm kann zum Beispiel das Dach Ihrer Immobilie schwer beschädigen, ein Wasserschaden Ihre Wohnung für mehrere Wochen unbewohnbar machen. Die dadurch entstehenden Schäden erreichen sehr schnell fünfstellige Summen. Deshalb gehört eine Wohngebäudeversicherung zu den wichtigsten Bestandteilen eines effizienten Risikomanagements für Immobilienbesitzer (Mieter brauchen sich hingegen keine Gedanken zu machen, die Absicherung der Immobilie ist Sache des Eigentümers). Ohne Nachweis einer Wohngebäudeversicherung werden Sie auch keine Immobilienfinanzierung erhalten.

Wenn Sie in einer Eigentumswohnung leben oder eine solche vermietet haben, müssen Sie sich in aller Regel auch keine Sorgen machen. Üblicherweise schließt die Hausverwaltung nach Zustimmung der Eigentümer eine entsprechende Wohngebäudeversicherung ab. Kommt es in der Wohnanlage zu häufigen Wasserschäden mit hohen Sanierungskosten, kann die Versicherung den bestehenden Vertrag jedoch kündigen. Meist bleibt der Eigentümergemeinschaft nur, für vergleichsweise hohe Prämien zu einem anderen Anbieter zu wechseln und zu hoffen, dass in den folgenden Jahren keine weiteren Schäden auftreten und die Prämie dann sukzessive wieder sinkt.

Wenn Sie hingegen Eigentümer eines Hauses sind, müssen Sie sich selbst um die Wohngebäudeversicherung kümmern. Ein nützliches Vergleichsportal ist dabei www.mr-money.de.

Exkurs: Die Flutkatastrophe im Ahrtal

Am 11. Juli 2021 war die (Wetter-)Welt in Deutschland noch weitgehend in Ordnung. Die Sonne schien, die Temperaturen lagen zwischen 23 und 27 Grad Celsius, allerdings waren Schauer und Gewitter angekündigt. Es gab schon an diesem Tag Hinweise auf eine gefährliche Wetterlage am 14. und 15. Juli 2021. Experten warnten gar vor historischen Hochwasserständen. So kam es denn auch. In der Nacht vom 14. auf den 15. Juli fielen in Teilen von Rheinland-Pfalz und Nordrhein-Westfalen teilweise über 100 Liter Niederschlag pro Quadratmeter. Die Folge war eine Katastrophe von bisher kaum bekanntem Ausmaß, vor allem im Ahrtal. Menschen verloren ihre Wohnungen und Häuser, teilweise ihr gesamtes Hab und Gut. Viele mussten mit dem Hubschrauber von den Dächern ihrer Häuser gerettet werden. Zahlreiche Orte waren tage- und wochenlang von der Außenwelt abgeschnitten.

In solchen Fällen hilft auch keine normale Wohngebäudeversicherung. Als Immobilieneigentümer benötigt man eine zusätzliche Elementarschadenversicherung. Ob Sie eine solche Elementarversicherung brauchen, hängt natürlich vom Standort Ihres Hauses oder Ihrer Wohnanlage ab. Der Gesamtverband der deutschen Versicherungswirtschaft hat seinen Hochwassercheck durch Flüsse um die Risikobewertung durch Starkregen ergänzt.[45] Dieser Check hilft, Ihr persönliches Risiko besser einzuschätzen. Wie bei jeder freiwilligen Versicherung müssen letztlich aber Sie selbst entscheiden, welches Risiko Sie tragen können oder wollen.

HAUSRATVERSICHERUNG - NICHT IMMER NOTWENDIG, ABER BERUHIGEND

Wie an anderer Stelle schon betont, geht es in diesem Buch in erster Linie darum, Sie vor existenzbedrohenden oder sogar existenzvernichtenden Risiken zu schützen. Ein geklautes Fahrrad ist sicher ärgerlich, zumal wenn es sich um ein besonders hochwertiges Modell handelt. Aber ein solcher Verlust wird Sie wohl kaum in ernste wirtschaftliche Bedrängnis bringen. Anders sieht es aus, wenn Ihre teure Wohnungseinrichtung ein Raub der Flammen wird oder ein Wasserrohrbruch Ihre antiken Möbel und den Fußbodenbelag ruiniert. In solchen Fällen kann der Schaden schon mal fünfstellige Summen erreichen. Und selbst wenn dieser Schaden Sie nicht in erhebliche finanzielle Turbulenzen bringen sollte, so müssen Sie zur Sanierung tief in die Tasche greifen und gegebenenfalls einen Kredit aufnehmen. Um das zu vermeiden und Ihr Hab und Gut zu schützen, gibt es die Hausratversicherung. Ob Sie wirklich eine brauchen, hängt im Wesentlichen von zwei Faktoren ab:

1. Wie groß ist Ihre Wohnung? Je größer sie ist, desto mehr Geld dürfte in der Einrichtung stecken, desto höher könnte also ein Schaden ausfallen.
2. Haben Sie Ihre Wohnung mit besonders hochpreisigen Möbeln eingerichtet, ist eine Hausratversicherung ebenfalls sinnvoll. Unterschätzen Sie bei Ihrer Bestandsaufnahme den Wert dessen nicht, was Sie in Ihrer Wohnung beziehungsweise in Ihrem Haus aufbewahren.

Doch längst nicht jede Hausratpolice leistet im Fall der Fälle auch den erhofften Schutz. Augen auf bei der Auswahl Ihrer Hausratversicherung, so könnte also das Motto lauten. Doch zunächst zur grundsätzlichen Frage: Was versichert eigentlich eine Hausratpolice? Diese Versicherung bietet finanziellen Schutz bei Schäden durch Feuer, Leitungswasser, Einbruchdiebstahl, Raub, Vandalismus, Sturmschäden ab Stärke 8 und Naturgefahren. Im Schadenfall zahlt Ihnen die Versicherung den Wiederbeschaffungspreis für die zerstörten Sachen in Ihrem Haushalt. Sie erhalten also den Neuwert erstattet.

Wichtig: Wenn Sie sich für eine Hausratversicherung entscheiden, dann sparen Sie nicht an der falschen Stelle. Stichwort: Unterversicherung. Sollte die vereinbarte Versicherungssumme niedriger sein als der tatsächlich Wert, wird der Versicherer nur einen Teil des Schadens ersetzen.

Ein Beispiel: Um Prämien zu sparen, vereinbaren Sie eine Versicherungssumme von 50.000 Euro, obwohl Ihr Hausrat rund 100.000 Euro wert ist. Die Unterversicherung beträgt mithin 50 Prozent. Nun melden Sie Ihrem Versicherer einen Schaden von 5.000 Euro. In diesem Fall wird er nur 2.500 Euro zahlen (entsprechend 50 Prozent des Schadens), weil Sie zur Hälfte unterversichert sind. Wenn Sie sparen möchten, vereinbaren Sie also besser eine Selbstbeteiligung. Um unnötigen Streit mit der Versicherung bei einem Schadensfall zu vermeiden, empfehlen Verbraucherschützer, in regelmäßigen Abständen mit der Videofunktion eines Smartphones den gesamten Hausrat zu dokumentieren. Man sollte überdies Quittungen von Neuanschaffungen aufbewahren, um im Versicherungsfall einfacher den Schadensnachweis erbringen zu können.

Wie gesagt, sollten Sie den Wert Ihres Hausrats realistisch ermitteln, um eine adäquate Versicherungssumme wählen zu können. Dazu ist es notwendig, dass Sie wissen, was alles unter den Begriff »Hausrat« fällt. Hier das Wichtigste:

- Bargeld, Wertpapiere, Schmuck und andere Wertsachen; diese sind meist nur bis 20 Prozent der Versicherungssumme versichert;
- Möbel und Einrichtungsgegenstände, Einbauküche, sofern sie dem Versicherungsnehmer gehört;
- Schäden an privat genutzten Antennen und Markisen;
- Elektrogeräte und Unterhaltungselektronik;
- Geschirr, Spielsachen und -fahrzeuge;
- Musikinstrumente;
- Bücher, Schallplatten, CDs und DVDs;
- Antiquitäten, die älter als 100 Jahre sind, mit Ausnahme von Möbeln.

Die Entschädigung bei Wertsachen ist je nach Versicherungsfall in der Regel auf insgesamt 20 Prozent der Versicherungssumme begrenzt. Bargeld, Wertpapiere, Schmuck, Edelsteine, Münzen und so weiter müssen außerdem besonders sicher aufbewahrt werden, zum Beispiel in einem Home-Safe von entsprechender Widerstandsklasse (lesen Sie hierzu bitte auch den Abschnitt »Wertsachen sicher aufbewahren« in Kapitel 10). Falls Sie also über Sachwerte verfügen, sollten Sie unbedingt zuvor mit der Versicherung sprechen, um im Schadensfall Probleme zu vermeiden. Oder Sie verwahren die guten Stücke in einem Schließfach bei einer Bank oder einem bankenunabhängigen Anbieter solcher Wertschließfächer, wie etwa Degussa.

Gut zu wissen: Hausrat, der sich vorübergehend – maximal drei Monate – außerhalb der Wohnung befindet, ist dank der sogenannten Außenversicherung mit Entschädigungsgrenzen weltweit mitversichert. Wenn Ihnen also während eines Urlaubs zum Beispiel die Armbanduhr geklaut wird, greift in der Regel ebenfalls die Hausratsversicherung. Gesondert versichern können Sie zum Beispiel Fahrräder und teure Gartenmöbel. Ob dies freilich sinnvoll erscheint, muss jeder selbst entscheiden.

Das sollten Sie wissen: Nicht versichert sind

- Fälle von nicht gemeldeter Gefahrenerhöhung, wenn also zum Beispiel an Ihrem Haus ein Gerüst angebracht wird, über das ein potenzieller Einbrecher in Ihre Wohnung eindringen könnte.
- Situationen, in denen Sie nichts unternehmen, um die Folgen eines Schadensfalls zu verringern, zum Beispiel, indem Sie ein kleineres Feuer ersticken oder im Fall eines Wasserschadens den Hauptwasserhahn zudrehen.

- Diebstahl auf offener Straße (wenn Ihnen zum Beispiel an der Bushaltestelle jemand Ihr Handy aus der Tasche klaut).
- unsachgemäß gelagerte Wertgegenstände.
- Schadensfälle, die auf grobe Fahrlässigkeit zurückzuführen sind (wobei die Definition von »grober Fahrlässigkeit« im Einzelfall schwierig sein kann).

RECHTSSCHUTZVERSICHERUNG – HÄUFIG ENTBEHRLICH

Wenn man der Statistik vertrauen darf, dann steigt der Rechtsschutzbedarf in Deutschland markant. Gab es im Jahr 1990 in der Bundesrepublik noch 15,3 Millionen Rechtsschutzpolicen, so ist deren Zahl bis 2020 auf 23,1 Millionen in die Höhe geschnellt.[46] Das bedeutet, dass beinahe jeder zweite Haushalt in Deutschland eine Rechtsschutzversicherung unterhält.

Was sagt uns das? Sagt es uns, dass die Deutschen immer mehr zu Prozesshanseln, Streithammeln und Querköpfen mutieren? Grassiert das Michael-Kohlhaas-Virus? Nicht unbedingt. »In seiner ursprünglichen Bedeutung war der Querulant ein Mensch, der sich leicht ins Unrecht gesetzt fühlt, der aus geringfügigem oder vermeintlichem Anlass Klage erhebt oder sich bei Behörden und Institutionen beschwert oder ständig offensichtlich unbegründete Anträge stellt«, schreibt der Schweizer Psychiater Thomas Knecht.[47] Heute wollen sich die Menschen gegen Behördenwillkür, Problemen am Arbeitsplatz und Ärger mit dem Vermieter schützen. Hinzu kommen Auseinandersetzungen, die sich aus dem zunehmenden Online-Handel ergeben.

Tatsächlich können Rechtsstreitigkeiten schnell erhebliche Kosten verursachen. Angenommen, Sie fordern die Rückabwicklung eines Kaufvertrags über einen defekten Neuwagen. Der Streitwert liegt bei 37.000 Euro. In diesem Fall müssten Sie mit Kosten für Ihren Rechtsstreit in Höhe von beinahe 9.000 Euro rechnen – Kosten für Ihren eigenen Anwalt, gegebenenfalls für den gegnerischen Anwalt und die Gerichtskosten. In der Regel kommt eine Rechtsschutzversicherung nicht nur für Streitigkeiten vor Gericht auf, sondern auch, wenn der Rechtsanwalt zunächst außergerichtlich tätig wird. Häufig wird versucht, einen Rechtsstreit durch Mediation beizulegen, also durch eine Vermittlung außerhalb des Gerichts.

Wenn Sie sich für eine Rechtsschutzpolice entscheiden, so brauchen Sie nicht unbedingt einen umfassenden Rundumschutz. Legen Sie fest, wo der Schwerpunkt liegen soll, wo also die Gefahr von Rechtsstreitigkeiten am größten ist. Im privaten Bereich (Privatrechtschutz), im Beruf (wenn Sie zum Beispiel freiberuflich tätig sind), im Verkehr (wenn Sie häufig mit dem Auto unterwegs sind) oder im Bereich des Wohnungseigentumsrechts (wenn Sie eine Eigentumswohnung besitzen).

Brauchen Sie überhaupt eine Rechtsschutzversicherung? Nicht unbedingt. Denn sollte es zu einem Rechtsstreit kommen, beträgt das Honorar für einen Anwalt in der ersten Phase ein paar hundert Euro. Sie können sich auch viel günstiger zunächst von einem Online-Anwalt beraten lassen und aufgrund von dessen Expertise entscheiden, ob Sie den Rechtsstreit überhaupt führen wollen. Oder Sie nutzen den Online-Service von www.advokado.de. In diesem Fall geben Sie Ihr Problem auf der Internetseite dieses Anbieters ein. Sie erhalten zeitnah einen Anruf von einem Anwalt, der die Erfolgsaussichten mit Ihnen bespricht und Ihnen anschließend den Kostenrahmen mitteilt. Dann haben Sie zwei Wochen Zeit, um über dieses

Angebot nachzudenken. Nehmen Sie es an, mandatieren Sie den Anwalt. Lehnen Sie es ab, ist die Sache erledigt.

In anderen Fällen genießen Sie auch ohne Rechtsschutzversicherung kostenlosen Rechtsschutz. Werden Schadenersatzansprüche gegen Sie geltend gemacht, kümmert sich Ihre Private Haftpflichtversicherung darum. Als Mitglied einer Gewerkschaft können Sie etwa im Bereich Kündigungsschutz auf den Rechtsschutz der Gewerkschaft zählen. Mieter können einem Mieterverein beitreten und genießen damit rechtlichen Beistand bei Mietrechtsfragen. Eigentümer von Wohnungen oder Häusern erhalten kostenlose Rechtsberatung als Mitglieder eines Grundeigentümervereins. Im Klartext: Eine Rechtsschutzversicherung – die noch dazu relativ teuer ist – ist in vielen Fällen wenig sinnvoll. Es sei denn, Sie schätzen das Risiko hoch ein, aus irgendwelchen Gründen vor Gericht zu landen.

KAPITEL 4
SO ENTKOMMEN SIE DEN SCHULDENFALLEN

Vor einigen Jahren sorgte eine damals 17-jährige Schülerin aus Köln für Aufsehen. Sie habe keine Ahnung von Steuern und Versicherungen, twitterte sie. Aber sie könne eine Gedichtanalyse verfassen – in vier Sprachen. Mit dieser Feststellung brachte es die Schülerin auf den Punkt: Vieles, was man in der Schule lernt, wird später im praktischen Leben nicht gebraucht. Und was im praktischen Leben gebraucht wird – zum Beispiel Finanz- und Vorsorgekompetenz –, kommt im Unterricht viel zu kurz. Man könnte diesen Missstand noch weiter zuspitzen: Was bringt es einem jungen Menschen, wenn er mit einem fröhlichen Gedicht auf den Lippen in die Pleite schlittert, weil er den Umgang mit Geld nicht gelernt hat? Aber Geld kommt nicht einfach vom Bankkonto, ebenso wenig wie Strom einfach aus der Steckdose kommt.

Tatsächlich berichten Schuldenberater, dass die meisten Menschen mit Handyschulden nicht älter sind als 25 Jahre. Smartphones erweisen sich für viele gleichsam als »Einstiegsdroge« in die Überschuldung. Sicher lässt sich ohne Smartphone das Leben von heute kaum noch managen. Das spürt jeder, der seinen elektronischen Alleskönner verloren hat und ein paar Tage ohne mobiles Endgerät auskommen muss. Zudem ist das Smartphone gerade bei jüngeren Menschen oft ein Statussymbol. Es ist eben cool, das allerneueste Modell des Marktführers in der Tasche zu haben. Und die monatlichen Kosten für den Ratenvertrag scheinen auf den ersten Blick ebenfalls bezahlbar zu sein – selbst für junge Menschen mit noch vergleichsweise geringem Einkommen. Doch Vorsicht: Das sprichwörtliche Kleinvieh macht bekanntlich auch Mist. Zumal in jungen Jahren schon weitere regelmäßige Belastungen hinzukommen: der Aufwand für das eigene Auto (Steuern, Versicherungen, Reparaturen), Geld für das Fitnessstudio – und einen Urlaub möchte man sich als junger Mensch natürlich ebenso gönnen wie ab und zu einen Besuch in der Kneipe oder im Restaurant. Wer – nicht zuletzt aufgrund unzureichender finanzieller Vorbildung in den Schulen – den Überblick verliert, gerät schnell in Liquiditätsengpässe. Schuldnerberater wissen, dass der Weg in eine frühe Schuldenfalle oft über Handyschulden führt. Wie man dieser Falle entgeht, erfahren Sie im weiteren Verlauf dieses Kapitels. Zunächst zur Frage, wann man überhaupt überschuldet ist und welches Konsumverhalten und welche Schicksalsschläge die größten Risiken bergen, in die Überschuldung zu schlittern, an deren Ende oft die Privatinsolvenz (bisweilen auch Verbraucherinsolvenz genannt) steht.

Eine Überschuldung tritt ein, wenn man mit seinem Einkommen und seinem Vermögen den finanziellen Verbindlichkeiten nicht mehr nachkommen kann und keine Aussicht auf eine kurzfristige Entspannung der Lage zu erwarten ist. Vorübergehende Liquiditätsengpässe in überschaubaren Größenordnungen lassen sich zum Beispiel durch Dispo- oder Abrufkredite überbrücken, in manchen Fällen auch mithilfe von Darlehen naher Angehöriger (zum Beispiel den Eltern). Besteht allerdings keine realistische Aussicht auf eine kurzfristige Stabilisierung der finanziellen Verhältnisse, sollten Sie Hilfe in Anspruch nehmen. Dazu gleich mehr.

DIE GEFÄHRLICHSTEN SCHULDENFALLEN

Der frühere schwedische Ministerpräsident Göran Persson stellte einmal fest, wer Schulden habe, sei kein freier Mensch.[48] Seine Landsleute scheint er damit nicht nachhaltig überzeugt zu haben, denn die Bürger in diesem skandinavischen Staat weisen im Schnitt eine der höchsten Schuldenstände in Europa auf. »Die schwedische Bevölkerung steckt heute tiefer in Schulden als je zuvor«, berichtet die *Neue Zürcher Zeitung*.[49] Im Vergleich dazu hält sich die Zahl der überschuldeten Privathaushalte in Deutschland in Grenzen. Im Jahr 2021 sank die Zahl der überschuldeten Privatpersonen in Deutschland laut Statistischem Bundesamt sogar auf den niedrigsten Wert seit Beginn der Auswertungen im Jahr 2004.[50] Zum 1. Oktober 2021 wurde für Deutschland eine Überschuldungsquote von rund 8,86 Prozent gemessen. Das bedeutet in konkreten Zahlen: Etwa 6,61 Millionen Bürger über 18 Jahre waren zu diesem Zeitpunkt überschuldet und wiesen nachhaltige Zahlungsstörungen auf. Dass die Zahl der überschuldeten Bürger gesunken ist, hängt mit einer Reihe von Faktoren zusammen. Zum einen sorgten die extrem niedrigen Zinsen für eine gewisse Entlastung bei den hochverschuldeten Konsumenten. Zum anderen waren die Verbraucher vor dem Hintergrund der Corona-Pandemie sehr zurückhaltend bei der Anschaffung von Konsumgütern; auch die Reiselust war angesichts des grassierenden Virus mehr als gedämpft. Darüber hinaus waren die Restaurants monatelang geschlossen. Anders ausgedrückt: Die Verbraucher hatten kaum noch Möglichkeiten, viel Geld auszugeben. Insofern bleibt abzuwarten, wie sich die Verschuldungssituation in den nächsten Jahren – nicht zuletzt wegen steigender Energiepreise und Mieten – entwickeln wird.

Dass die Zahl der überschuldeten Haushalte in jüngster Vergangenheit gesunken ist, darf sicher als erfreuliche Botschaft gewertet werden. Doch das ist nur die eine Seite der Medaille. Die andere Seite: Viele Deutsche verfügen über keine oder nur sehr geringe finanzielle Reserven. Einer Untersuchung der TeamBank zufolge haben 40 Prozent der Bundesbürger weniger als 1.000 Euro auf der hohen Kante. Geht die Waschmaschine kaputt – um dieses arg strapazierte Beispiel an dieser Stelle ausnahmsweise aufzugreifen –, schmilzt der größte Teil der Rücklagen wie Eis in der Sonne. Eine aufwändige Autoreparatur wäre mit 1.000 Euro kaum noch zu bezahlen, ganz zu schweigen von teuren Reparaturen am Haus oder hohen Sonderumlagen für die Eigentumswohnung.

Doch damit nicht genug: 20 Prozent der befragten Deutschen haben weniger als 500 Euro zurückgelegt, und 9 Prozent verfügen über keinerlei Rücklagen.[51] Laufende Ausgaben (Miete, Energiekosten, Versicherungen, Essen und Trinken et cetera) werden durch die laufenden Einnahmen (Lohn, Gehalt, Rente und so weiter) bestritten. Solange beides einigermaßen im Einklang ist, passiert nichts. Wird dann aber eine teure Reparatur oder gar eine Neuanschaffung fällig, muss, wer über geringe oder gar keine Rücklagen verfügt, gleich einen Kredit aufnehmen oder sein Girokonto überziehen (Dispokredit). Genau das soll der »Notgroschen« (das mit dem »Groschen« darf man nicht wörtlich nehmen) verhindern – dass man nämlich bei unvorhersehbaren Ausgaben gleich Schulden machen muss. Denn kommen dann noch weitere hohe Ausgaben hinzu, mit denen man nicht gerechnet hat, oder drohen persönliche Schicksalsschläge, wie Krankheit oder Arbeitslosigkeit, kann der Betroffene durchaus in die Überschuldung abgleiten. Daher ist es ratsam, mindestens drei Nettomonatsgehälter auf die hohe Kante zu legen. Wer es schafft, sechs Nettomonatsgehälter zurückzulegen, ist schon auf der sicheren Seite, wenn unvorhersehbare Ausgaben anstehen.

Schauen wir uns nun die Hauptgründe für eine Verschuldung von privaten Haushalten an. Hier gilt es, zwischen fünf Kategorien zu unterscheiden:

1. **Private Schicksalsschläge:** zum Beispiel, wenn der Partner oder die Partnerin schwer erkrankt und kein Geld mehr verdienen kann. Oder – noch schlimmer – ein unerwarteter Todesfall bringt die Hinterbliebenen in gravierende finanzielle Schwierigkeiten. In diese Kategorie gehört ferner ein Suchtverhalten des Schuldners.
2. **Berufliche Risken:** etwa plötzliche Arbeitslosigkeit oder länger andauernde Kurzarbeit, finanzielle Folgen einer gescheiterten Selbstständigkeit oder Steuerschulden.
3. **Persönliche Risiken:** Trennung und Scheidung.
4. **Falsches Konsumverhalten:** ein zu teurer Lebensstil, Luxusausgaben, überflüssige Abonnements, teure Leasingraten fürs Auto und so weiter.
5. **Falscher Umgang mit Krediten:** Schuldenfallen Dispokredit und Kreditkarten, Fehler bei der Baufinanzierung oder Ähnliches.

Sowohl privaten Schicksalsschlägen als auch beruflichen Risiken können Sie kaum gezielt vorbeugen; allenfalls können Sie für den Fall Ihres Todes Ihre Angehörigen mit einer Risikolebensversicherung zumindest teilweise absichern. Das Risikomanagement kann ansonsten nur darin bestehen, die laufenden Belastungen so gering zu halten, dass Sie oder Ihr Partner beziehungsweise Ihre Partnerin zumindest für einige Monate in der Lage sind, allein den regelmäßigen Verpflichtungen nachzukommen, oder die Verpflichtungen zu reduzieren. Das heißt konkret:

- Bei Ihrer finanziellen Haushaltsplanung sollte nichts »auf Kante genäht« sein, also am Ende des Monats immer noch etwas übrig bleiben, um zu sparen und einen finanziellen Sicherheitspuffer für Notfälle anzulegen.
- Gehen Sie nach Möglichkeit keine langfristigen Verpflichtungen ein; achten Sie auf kurze Kündigungsfristen, um Abonnements und so weiter im Fall der Fälle stornieren zu können. Überlegen Sie beim Abschluss solcher Verträge, ob Sie sich die daraus entstehenden finanziellen Belastungen auch bei finanziellen Engpässen leisten können.
- Achten Sie auf eine ausreichende Höhe Ihres Krankengeldes. Das gesetzliche Krankengeld, das Ihre Krankenkasse zahlt, beträgt 70 Prozent des Bruttogehalts, maximal jedoch 90 Prozent des Nettogehalts. Sie erhalten dieses Geld, sobald die Lohnfortzahlung durch Ihren Arbeitgeber ausläuft, also in der Regel nach sechs Wochen und für eine maximale Dauer von 72 Wochen. Sollten Sie hohe regelmäßige Ausgaben haben, empfiehlt es sich, eine private Krankengeldtageversicherung abzuschließen, um die Lücke zwischen Ihrem normalen Nettogehalt und dem Krankengeld auszugleichen. Privat Krankenversicherte sind weitgehend frei bei der Wahl der Höhe Ihres Krankengeldes. In vielen Fällen ist es viel zu gering. Fachleute empfehlen 80 Prozent des Bruttogehalts oder 100 Prozent des Nettogehalts. Beamte sind übrigens fein raus. Sie brauchen keine Krankentagegeldversiche-

rung, da ihr Dienstherr die Bezüge auch im Krankheitsfall ohne bestimmte Frist weiterbezahlt.

Um eine Überschuldung infolge eines falschen Konsumverhaltens zu verhindern, sollten Sie sich regelmäßig einen Überblick über Ihre Einnahmen, Ausgaben und Schulden verschaffen. Können Sie sich zum Beispiel eine bestimmte Anschaffung noch leisten, oder lässt sich der Kauf zum Beispiel von teurem Möbel noch etwas hinausschieben? Muss es unbedingt ein Urlaub in fernen Gefilden sein, oder können Sie und Ihre Familie die Ferien nicht auch einmal zu Hause und in den Naherholungsgebieten verbringen? Wenn es eng wird, nehmen Sie alle Kosten genau unter die Lupe und suchen Sie nach Einsparpotenzial. Prüfen Sie ferner, ob Sie sich von bestimmten Wertgegenständen, die Sie nicht unbedingt brauchen, trennen können. Sind Sie zum Beispiel unbedingt auf einen Zweitwagen angewiesen? Läuft der Leasingvertrag für Ihr Fahrzeug in Kürze ab, sollten Sie sich um ein günstigeres Angebot bemühen, um die monatlichen Belastungen zu reduzieren. Brauchen Sie eine Rechtsschutzversicherung, oder können Sie eine bestehende Police kündigen?

Achten Sie ferner unbedingt darauf, dass Sie jederzeit offene Ratenzahlungen oder Versicherungsbeiträge pünktlich bezahlen können. Wenn es Ihnen hilft, führen Sie einen Haushaltsplan, in dem alle Einnahmen und festen Ausgaben erfasst werden. Einen kostenlosen Muster-Haushaltsplan zum Downloaden bekommen Sie zum Beispiel hier: https://www.schuldnerberatung.de/haushaltsplan/

In der Regel führt der falsche Umfang mit Krediten in eine gefährliche Überschuldung. Während der Niedrigzins-Phase in den vergangenen Jahren wurden den Verbrauchern mit teilweise aggressivem Marketing Kredite für alles Mögliche förmlich aufgedrängt.

Eine sündhaft teure neue Küche? Kein Problem, die angeblich günstige Finanzierung wird vom Anbieter gleich mitgeliefert (günstig sind solche Angebote nicht wirklich, da die Finanzierungskonditionen in die Preise eingerechnet werden). Das schicke Auto, das den Nachbarn neidisch macht, der Traumurlaub, teure Designer-Klamotten – all das lässt sich mit billigen Krediten scheinbar problemlos finanzieren. Irgendwann verliert der Konsument den Überblick über seine finanziellen Verpflichtungen. Steigen dann noch die Zinsen und/oder der Betreffende verliert seinen Job und muss sich mit einem schlechter bezahlten Arbeitsplatz zufriedengeben, kann er sehr schnell in einen finanziellen Engpass geraten. Auch wenn es ein wenig altmodisch klingen mag, aber was immer Ihnen marktschreierische Anbieter versprechen: Der beste Kredit ist immer noch der, den man nicht braucht. Das gilt in erster Linie für Konsumenten- und Luxuskredite. Der Traumurlaub mag noch so schön sein, doch am Ende bleiben im Idealfall doch nur wunderbare Erinnerungen – und hohe Schulden, die bedient werden müssen.

Neun Praxis-Tipps zum Geldsparen

Jeder spart anders, und jeder hat ein ganz unterschiedliches Sparbedürfnis. Der eine musste schon vor den explodierenden Energiepreisen jeden Euro dreimal umdrehen, andere haben genug Reserven, um sogar sprunghaft steigende Preise locker wegstecken zu können. Deshalb wird mancher über die nun folgenden neun Praxis-Tipps zum Geldsparen nur müde lächeln, doch es gibt auch viele Menschen, die nach dem Motto »Kleinvieh macht auch Mist« sogar bei vermeintlichen Kleinigkeiten sparen müssen. An Letztere wenden sich die nachfolgenden Empfehlungen:

- **Tappen Sie nicht in versteckte Kostenfallen**. Lassen Sie sich nicht dazu verleiten, unnötige Dinge zu kaufen, nur weil diese im Augenblick vielleicht in und hipp sind. Beschränken Sie sich bei Ihren Ausgaben auf das Wesentliche.
- **Coffee at home**. Für manche gehört der Coffee to go einfach dazu. Doch haben Sie schon einmal überschlagsmäßig nachgerechnet, wie viel Sie für diesen Kaffeegenuss auf die Schnelle in einem Jahr ausgeben? Anderes Beispiel: Sie kaufen sich am Bahnhof eine Flasche Mineralwasser. Das sind alles überschaubare Ausgaben, ohne Frage, doch übers Jahr hochgerechnet kommt da schon eine beachtliche Summe zusammen. Wer seinen Kaffee am Morgen noch zu Hause trinkt und den Rest in eine Thermosflasche füllt, mag vielleicht als spießig gelten, aber er spart bares Geld. Und Leistungswasser in Deutschland ist inzwischen von solcher Qualität, dass man es bedenkenlos trinken kann; man muss für den Alltag nicht unbedingt Mineralwasser kaufen.
- **Spontankäufe vermeiden**. Wir kennen das: Im Supermarkt – vor allem im Umfeld der Kassen – werden Waren aufgebaut, die zu Spontaneinkäufen verleiten. Das heißt, wir kaufen Dinge, die wir eigentlich gar nicht brauchen. Das lässt sich vermeiden, indem Sie vor jedem Einkauf den guten alten Einkaufszettel erstellen und sich diszipliniert an ihn halten. Sie kaufen nur das, was Sie unbedingt brauchen.
- **Raus aus den Abo-Fallen.** Wenige Minuten Treppensteigen hat denselben Effekt wie ein Kurs im Fitnessstudio.[52] Das ist billiger und Sie tragen zur Energieersparnis bei (durch den Verzicht auf den Fahrstuhl). Und brauchen Sie unbedingt Fernseh- oder Magazin-Abonnements, die Sie aus Zeitgründen eh nicht nutzen? Viele sind ganz einfach – lassen Sie es mich ganz offen sagen – zu faul, um bestehende Abos zu kündigen. Ich schließe mich dabei

keineswegs aus. Doch sollte man durchaus einmal eine freie Stunde investieren, um zu prüfen, auf welche Abos man wirklich nicht verzichten möchte, und die anderen sofort kündigen. Tipp: Viele Verträge lassen sich einfach und bequem auch über den Service www.aboalarm.de rechtsicher kündigen. Das kostet zwar noch einmal ein paar Euro, dafür ist die Sache für Sie anschließend aber erledigt und Sie sparen fortan bares Geld.

- **Rabattfallen umgehen.** Tag für Tag werden wir mit zum Teil schon aggressiver Werbung zum Konsum aufgefordert. Rabatte überall, wobei man sich mitunter fragt, weshalb die entsprechenden Produkte zunächst doch deutlich teurer waren, wenn sie jetzt so billig verschleudert werden. Bleiben Sie cool. Kaufen Sie nichts, nur weil es aktuell scheinbar so günstig ist. Tappen Sie nicht in die Rabattfalle. Ihnen wird nichts geschenkt.
- **Keine Dinge doppelt kaufen.** Man besitzt schon ein funktionstüchtiges Smartphone oder eine teure Uhr. Weshalb dann noch einmal ein ähnliches Produkt kaufen, nur weil geschickte Werbung einen Kauf-Impuls auslöst?
- **Reparieren statt wegwerfen.** Schon einmal etwas von Obsoleszenz gehört? Man könnte auch von geplantem Verschleiß sprechen. Der Herd, die Waschmaschine, das Smartphone – teure Elektrogeräte sind nach ein paar Jahren defekt und die Reparatur lohnt sich angeblich nicht mehr. Oder aber es fehlen die Ersatzteile, weil die Waschmaschine zum Beispiel in Portugal produziert wurde. Klarer Fall: Sie als Konsument sollen sich ein neues Gerät kaufen, weil sich die Reparatur nicht mehr lohnt. In vielen Fällen jedoch sind die defekten Elektrogeräte sehr wohl noch zu reparieren. Das ist nachhaltig und Sie sparen Geld. Inzwischen gibt es in vielen Städten Werkstätten, die sich auf die Reparatur von älteren Elektrogeräten spezialisiert haben.

- **Knöllchen vermeiden**. Wem ist das noch nicht passiert? In einer Tempo-30-Zone zu schnell unterwegs gewesen, und schon wird man mit 50 Euro zur Kasse gebeten. Das ist sehr ärgerlich, aber wohl kaum einen dürfte so etwas wirtschaftlich aus der Bahn werfen. Aber selbst wenn so etwas nur fünf Mal im Jahr passiert, geben Sie 250 Euro aus, was an und für sich nicht sein müsste. Deshalb: Vermeiden Sie nach Möglichkeit Bußgelder und Mahngebühren. Denn wie gesagt: Auch Kleinvieh macht Mist.
- **Zinsbelastung reduzieren**. Wenn es irgendwie geht, reduzieren Sie Ihre Kreditverpflichtungen, insbesondere den teuren Dispokredit. So sparen Sie Zinsen.
- **Ein bisschen mehr Bescheidenheit**. Niemand will Ihnen den Urlaub vermiesen. Aber muss es unbedingt ein 5-Sterne-Hotel sein? Auch 3-Sterne-Hotels bieten einen angenehmen Komfort und sind deutlich preiswerter.

Ich weiß, mancher wird diese Tipps als eine Art »Spaßbremse« ansehen. Wer ausreichend Geld verdient, um sich einen hohen Lebensstandard leisten zu können, dem sei ein bisschen Luxus gegönnt. Aber längst nicht jeder ist in einer so beneidenswerten Position. Und außerdem: Natürlich muss man nicht jeden der oben genannten Tipps umsetzen, sondern kann sich zunächst auf jene konzentrieren, die am wenigsten »wehtun«.

SCHULDENFALLE DISPOKREDIT

Beinahe jeder hat ihn, den Dispositionskredit oder, salopp formuliert, den »Dispo« auf seinem Girokonto. Und gut sechs Millionen Bankkunden nutzen diesen Überziehungskredit mehr oder minder regelmäßig – trotz hoher Zinskosten. Tatsächlich ist er sehr bequem: Man kann sein Konto innerhalb der vereinbarten Limits überziehen, ohne irgendeinen Banker um Genehmigung zu ersuchen. Mit diesem Kredit lassen sich kurzfristige Liquiditätslücken überbrücken; er dient nicht zu mittel- bis langfristigen Finanzierungen, dafür ist er zu teuer. Selbst in Zeiten sehr niedriger Zinsen muss der Kontoinhaber teilweise zweistellige Zinsen für seinen Dispokredit zahlen. Das ist der Preis für die Bequemlichkeit. In der Regel räumen die Geldinstitute ihren Kunden einen »Dispo« in Höhe von zwei bis drei Monatsgehältern ein. Abgesehen von diesem hohen Preis ist der »Dispo« deshalb so gefährlich, weil keine Verpflichtung besteht, ihn in Raten zurückzuzahlen. Solang der Kontoinhaber die Zinsen pünktlich von seinem Girokonto abbuchen lässt, ist die Welt in Ordnung; zumindest solang sich der »Dispo« innerhalb der vereinbarten Grenzen bewegt. Manche Kontoinhaber sehen daher fatalerweise in diesem Kredit eine Art zweites Einkommen. Sprich: Kaum wurde der »Dispo« teilweise oder auch vollständig zurückgefahren, nimmt man ihn erneut in Anspruch. Besonders riskant wird es für den Verbraucher, wenn es nicht allein beim »Dispo« bleibt, sondern weitere Kreditverpflichtungen hinzukommen. An dieser Stelle daher vier Praxistipps zum Umgang mit Dispositionskrediten:

1. Nehmen Sie Ihren »Dispo« nur in Anspruch, um kurzfristige Liquiditätslücken zu überbrücken. Zum Beispiel, wenn Ihr Gehalt

noch nicht auf dem Konto ist, Sie aber dringend Rechnungen begleichen müssen, um nicht in Verzug zu geraten.

2. Führen Sie Ihren »Dispo« jeweils so schnell wie möglich wieder zurück. Es sollte keinesfalls eine Art Gewöhnungseffekt entstehen. Das Geld, über das Sie im Rahmen des Dispositionskredits verfügen können, gehört Ihnen nicht, es wird Ihnen nur von der Bank geliehen, die sich diese »Leihgabe« in Form von Zinsen fürstlich honorieren lässt.
3. Sogenannte Abrufkredite, wie sie vor allem von Direktbanken angeboten werden, sind ebenso bequem wie ein »Dispo«, aber meist deutlich günstiger. Und so funktioniert's: Sie lassen sich bei der betreffenden Bank einen Abrufkredit in einer bestimmten Höhe einräumen, zum Beispiel 10.000 Euro. Dieser Betrag steht Ihnen auf Abruf (daher »Abrufkredit«) zur Verfügung, sobald Sie ihn brauchen. Sie können den betreffenden Betrag dann per Internetbanking oder auch telefonisch anfordern – und in vielen Fällen wird das Geld noch am gleichen Werktag auf Ihrem Girokonto gutgeschrieben, das bei der Direktbank als Referenzkonto hinterlegt ist. Erst ab dem Tag des Abrufs zahlen Sie Zinsen. Sie sind auch sehr flexibel bei der Rückzahlung. Entweder Sie zahlen bis auf Weiteres nur die Zinsen, oder aber Sie tilgen den Kreditbetrag (oder einen Teil davon), sobald Sie wieder flüssig sind. Alternativ können Sie auf Ihrem Girokonto einen Dauerauftrag einrichten und dann Monat für Monat einen kleineren Betrag zur Tilgung Ihres Abrufkredits überweisen. Da – wie erwähnt – Abrufkredite in der Regel deutlich günstiger sind als die »Dispo«-Kredite von Filialbanken, können Sie einen bestehenden »Dispo« auch mit einem Abrufkredit ablösen und auf diese Weise ab sofort Zinsen sparen. Das Risiko: Manche lösen ihren »Dispo« mit einem Abrufkredit ab – und nehmen dann später

den Überziehungskredit ihrer Hausbank wieder in Anspruch. So entsteht eine doppelte Verschuldung, die dann schnell in eine Überschuldung führen kann.

4. Oft ist es auch sinnvoll, einen »Dispo«-Kredit in einen Ratenkredit umzuwandeln. Der ist hinsichtlich der Zinskonditionen günstiger und hat außerdem eine disziplinierende Wirkung: Der Kreditnehmer ist verpflichtet, Monat für Monat eine Tilgungssumme zu überweisen und damit seine Schulden sukzessive abzutragen.

BNPL: WENN SCHULDEN PLÖTZLICH COOL SIND

Sie sind angetreten, um die traditionelle Finanzszene so richtig aufzumischen und das Smartphone zur »Bankfiliale« zu machen: die sogenannten Fintechs oder Neobanken, wie sie oft genannt werden, obgleich viele von ihnen keine Vollbankenlizenz besitzen. Man könnte diese Finanzdienstleister als Weiterentwicklung der filiallosen Direktbanken bezeichnen. Der frühere CEO der Direktbank ING-DiBa (heute ING Deutschland), Ben Tellings, brachte bereits die Zukunft des Direktbankengeschäfts kokett auf den Punkt: »Bankfilialen sind so überflüssig wie Telefonzellen im Smartphone-Zeitalter«.[53]

Im Gegensatz zu einer Direktbank, die eigentlich eine Vollbank ohne Filialen ist, haben sich viele Fintechs auf Nischenprodukte spezialisiert. Manche bieten den einfachen Zugang zu Kryptowährungen an, andere unkomplizierte Wertpapiergeschäfte per App oder auch Wertschließfächer. Ein weiteres Geschäftsfeld der Neobanken ist BNPL. Dieses Akronym steht für »Buy Now Pay Later«. Wer also beim Online-Shopping auf ein Objekt seiner Begierde stößt, aber gerade nicht flüssig ist, zahlt eben einfach später, bekommt die Ware aber sofort. Führende Anbieter auf diesem Markt sind der schwedische Finanzdienstleister Klarna, aber auch das US-Unternehmen Affirm und die australische Afterpay. Auch PayPal bietet mittlerweile diesen Service an.

Das Problem: Online-Kunden neigen dazu, bei der Nutzung der BNPL-Funktion mehr Geld auszugeben als sonst üblich. Konkret: Kunden, die über Affirm kauften, gaben im Jahr 2020 im Schnitt 365 Dollar pro Einkauf aus. Der Durchschnittsbetrag des Online-Shoppers lag ansonsten bei 100 Dollar.[54] Auf diese Weise werden gerade junge Menschen in eine Verschuldungsspirale getrieben. Der US-amerikanische Marketing-Professor Scott Galloway vergleicht die BNPL-Produkte sogar mit den Subprime-Darlehen, deren Platzen im Jahr 2008 eine weltweite Finanzkrise auslöste.[55] Tatsächlich ist BNLP nichts anderes als der frühere Ratenkredit. Aber der Begriff »Kredit« klingt eben nicht cool. Also bekommt das Ganze einen neuen Namen. Dessen ungeachtet gilt aber auch hier: Die »besten« Schulden sind die, die man nicht hat.

ÜBERSCHULDUNG DROHT – WAS KÖNNEN SIE TUN?

Schulden sind nicht gleich Schulden. Deshalb sollte man korrekterweise eigentlich auch von Verbindlichkeiten sprechen. Denn ein Schuldner hat sich in den allermeisten Fällen nichts zu Schulden kommen lassen. Er nimmt einen Kredit in Anspruch, um ein neues Auto oder eine neue Küche zu zahlen oder aber, um kurz- bis mittelfristige Liquiditätslücken zu überbrücken. Solange er pünktlich seinen Verbindlichkeiten nachkommt – sprich: Zinsen und

Tilgung zahlt –, ist alles in Ordnung. Immobiliendarlehen bergen ebenfalls relativ geringe Risiken, sofern die untenstehenden Tipps beachtet werden. Wer ein Immobiliendarlehen aufnimmt und davon die eigenen vier Wände finanziert, spart fortan Miete. Dem Schuldendienst steht mithin eine Ersparnis gegenüber.

So beugen Sie Problemen mit Ihrer Baufinanzierung vor:

1. Finanzieren Sie nicht zu 100 Prozent. Wenn Sie die Immobilie aus welchen Gründen auch immer verkaufen müssen, laufen Sie sonst Gefahr, dass der erzielbare Preis des Objekts deutlich unter den Restschulden liegt. Dann verlieren Sie Ihre Immobilie und sitzen trotzdem noch auf einem Schuldenberg. Früher galt die Devise, dass der angehende Häuslebauer oder Wohnungskäufer mindestens 30 bis 35 Prozent Eigenkapital einbringen sollte. Das ist nach wie vor eine gute Empfehlung, allgemein wird indessen bereits ein Eigenkapitalanteil von 10 Prozent als ausreichend erachtet.
2. Denken Sie an das Tilgungsparadoxon. Es besagt, dass bei einer Annuitätentilgung die Tilgungsdauer umso länger ist, je niedriger der Zinssatz ausfällt. Was merkwürdig klingen mag, hat einen einfachen Hintergrund: Sie tilgen bei einem Annuitätendarlehen nicht nur mit der Tilgung, sondern auch mit den gesparten Zinsen. Dieser Zinsspareffekt entsteht, da Sie mit Ihrer regelmäßigen Tilgung die Schulden verringern. Dadurch sinkt die Zinslast, die Ersparnis dient der zusätzlichen Tilgung. Je niedriger die Zinsen, desto geringer die Zinsersparnis, desto geringer die zusätzliche Tilgung. Diesem Tilgungsparadoxon kann man jedoch ein Schnippchen schlagen, indem man in Phasen geringer Zinsen erstens eine lange Zinsbindungsperiode wählt (mindestens 15 Jahre) und zweitens höher tilgt (mindestens 3, besser 5 Prozent pro Jahr).

3. Das Risiko der Anschlussfinanzierung bedenken. Dann nämlich werden die Karten neu gemischt, was für Sie Vorteile bergen kann (sofern die Bauzinsen inzwischen gesunken sind), aber auch Nachteile (bei inzwischen gestiegenen Zinsen). Ist die Restschuld noch hoch und sind die Zinsen deutlich gestiegen, kann es knapp werden im privaten Budget. Sollte also alles auf steigende Zinsen hindeuten (wie zum Beispiel im Jahr 2022) und die Erstfinanzierung in zwei oder drei Jahren anstehen, dann empfiehlt sich der Abschluss eines Forward-Darlehens, also eines Darlehens auf Vorrat. Sie sichern sich damit das aktuelle Zinsniveau, allerdings zahlen Sie später für die Zeit bis zur Abnahme des Forward-Darlehens einen Zuschlag auf den vereinbarten Darlehenszins. Daher lohnen Forward-Darlehen meist nur zwei oder drei Jahre vor Ablauf der ersten Finanzierungsrunde. Sie sind übrigens nicht gezwungen, ein solches Darlehen bei Ihrer aktuell finanzierenden Bank abzuschließen, sondern können sich einen besonders günstigen Anbieter aussuchen, zum Beispiel bei der unabhängigen Frankfurter Finanzberatung FMH (www.fmh.de/zinsen-vergleiche/forward-darlehen).
4. Ohne Frage ist es peinlich, seiner Bank mitteilen zu müssen, dass man seinen Zins- und Tilgungsverpflichtungen nicht mehr im vereinbarten Umfang nachkommen kann. Spätestens dann aber, wenn der Darlehensnehmer seine erste Rate schuldig bleibt, schrillen beim finanzierenden Institut die Alarmglocken. Die beruhigende Botschaft: Bleibt der Kunde nur einmal im Rückstand, darf die Bank den Darlehensvertrag nicht kündigen. Ein solcher Schritt ist erst möglich, wenn der Kunde mehrfach seinen Kreditverpflichtungen nicht nachkommt. (Näheres ist im Gesetz zur Begrenzung der mit Finanzinvestitionen verbundenen Risiken, kurz Risikobegrenzungsgesetz, geregelt.) Dann ist es meist schon

zu spät, um gemeinsam nach einem Ausweg zu suchen. Es ist daher unbedingt zu empfehlen, schon frühzeitig mit der finanzierenden Bank oder Sparkasse über die absehbare Verschlechterung der finanziellen Verhältnisse und mögliche Lösungen zu sprechen. Generell wird die Situation für den Schuldner umso prekärer, je länger er zögert, mit seinem Kreditinstitut ein offenes Gespräch zu führen. Manche fürchten gar, in dem Augenblick, da sie ihrer Bank von ihren aktuellen Schwierigkeiten berichten, könnte das Institut den Darlehensvertrag außerordentlich kündigen und den Restbetrag samt Vorfälligkeitsentschädigung sofort fällig stellen, was dann den völligen Ruin des Kunden bedeuten würde. Solange der Kunde aber seinen Zahlungsverpflichtungen noch pünktlich nachkommt, hat er nichts zu befürchten. Letztlich muss auch dem finanzierenden Institut daran gelegen sein, dass der Darlehensnehmer seinen wirtschaftlichen Engpass überwindet und seinen Kredit wieder vereinbarungsgemäß bedient.

Praxistipp: Ich empfehle Ihnen, schon frühzeitig Kontakt mit der Bank aufzunehmen, die Karten offen auf den Tisch zu legen und nach Möglichkeit Lösungsansätze aufzuzeigen. Vielleicht sind ja die Eltern oder andere Verwandte im schlimmsten Fall bereit, die Immobilie zu kaufen. Den Mitarbeitern der Bank sollte auf jeden Fall deutlich werden, dass man sie offen und ehrlich informiert und gleichzeitig alles unternimmt, um die kritische Situation so schnell wie möglich wieder zu bereinigen. Dann wächst meist auch die Bereitschaft, Ihnen zum Beispiel mit einer vorübergehenden Tilgungsaussetzung oder einer Ratenstundung entgegenzukommen.

Ob Ihre Verhandlungen mit dem Kreditinstitut erfolgreich verlaufen und Sie sich zumindest mehr zeitlichen Spielraum zur Lösung Ihrer Probleme verschaffen können, hängt von mehreren Faktoren ab. Wie schon erwähnt, legen Banken Wert darauf, frühzeitig auf eine sich abzeichnende Verschlechterung der wirtschaftlichen Verhältnisse des Schuldners hingewiesen zu werden. Wer also zu lange wartet, hat eher schlechte Karten.

Größere Schwierigkeiten können entstehen, wenn mehrere Institute an der Finanzierung beteiligt sind. Dann nämlich wird jede Bank versuchen, schnell zu retten, was noch zu retten ist. Und schließlich gilt: Je »jünger« der Darlehensvertrag ist, desto problematischer kann eine Einigung werden. Hat sich der Kunde aber zum Beispiel schon 10 oder 15 Jahre als zuverlässiger Schuldner erwiesen und in dieser Phase bereits große Teile seines Darlehens getilgt, dürfte sich die Bank im Hinblick auf eine Tilgungsaussetzung oder Ratenstundung entgegenkommender zeigen als bei einem erst seit zwei Jahren laufenden Darlehensvertrag und einem Objekt, das noch zu 80 oder 90 Prozent beliehen ist.

Zum Krisenmanagement in einer solchen Situation gehört auch, zusätzliche Kosten zu vermeiden. In dem Augenblick nämlich, da der Darlehensnehmer seinen Verpflichtungen gegenüber der Bank nicht mehr nachkommt, kann das Institut deutlich höhere Kosten (zum Beispiel für einen Inkasso-Dienst) geltend machen. Die Bank hat die Möglichkeit, zur Abdeckung unvorhersehbarer hoher Forderungen gegenüber dem Kunden die sogenannten Grundschuldzinsen zu berechnen, die deutlich über dem im Darlehensvertrag vereinbarten Zinssatz liegen. Allerdings geschieht das nicht automatisch. Erst wenn die Immobilie zwangsversteigert wird, kommen zu den Forderungen des Kreditinstituts zusätzlich die höheren Grundschuldzinsen.

MÖGLICHE AUSWEGE AUS DER SACKGASSE

Was nur wenige wissen: Ähnlich wie Mieter haben auch Immobilieneigentümer einen Anspruch auf Wohngeld, wenn sie in finanzielle Engpässe geraten und die monatlichen Tilgungsraten, Kreditzinsen sowie die Instandhaltungsrücklagen und Betriebskosten nicht mehr aus dem laufenden Vermögen bestreiten können. Dann zahlt die betreffende Gemeinde einen sogenannten Lastenzuschuss. Ob dieser letztlich gewährt wird, hängt von der Größe der Familie, der Höhe des Einkommens und von den individuellen finanziellen Belastungen ab. Für die Prüfung eines eventuellen Anspruchs ist die kommunale Wohngeldstelle zuständig.

Wenn jedoch alles nichts hilft und sich keine nachhaltige Verbesserung der wirtschaftlichen Verhältnisse abzeichnet, dann empfiehlt es sich dringend zu versuchen, die Immobilie auf normalem Weg zu verkaufen und nicht die Zwangsversteigerung abzuwarten. Bei einem freihändigen Verkauf lässt sich normalerweise ein höherer Preis erzielen, als wenn das Haus oder die Wohnung gezwungenermaßen unter den Hammer kommt. Ob dies freilich gelingt, hängt vom Objekt, der allgemeinen Marktlage und von der Zeit ab, die dem Schuldner noch bleibt. Erfahrenen Käufern bleibt natürlich nicht verborgen, wenn ein Verkäufer unter Zeitdruck steht. Sie werden die Zwangslage des Anbieters ausnutzen und versuchen, den Preis zu drücken. Oder aber sie warten gleich auf die absehbare Zwangsversteigerung.

Eine Alternative kann unter Umständen darin bestehen, das Haus innerhalb der Familie zu verkaufen: Der Schuldner verkauft die Immobilie an seine Eltern. Diese sparen die Grunderwerbsteuer, da diese bei einer Veräußerung an Personen, die in gerader Linie miteinander verwandt sind, nicht anfällt. Die Eltern vermieten das

Objekt wiederum an ihren Sohn zu günstigen Konditionen (hier unbedingt vorab mit einem Steuerberater sprechen, um späteren Ärger mit dem Finanzamt zu vermeiden). Der Schuldner kann in seiner Wohnung bleiben und eine Zwangsversteigerung vermeiden. Die Eltern wiederum haben gegebenenfalls die Möglichkeit, Verluste aus Vermietung und Verpachtung steuerlich geltend zu machen.

HILFE DURCH EINE SCHULDNERBERATUNG

Wenn alle Einsparpotenziale ausgeschöpft sind und Ihnen niemand aus dem engeren Verwandtenkreis finanziell helfen kann oder will, wenn also der Schuldenberg durch Zinsen, Mahngebühren und so weiter immer belastender wird, ist es höchste Zeit, sich um professionelle Hilfe zu bemühen. Erste Adresse hierfür ist die Schuldnerberatung, wie sie vor allem von gemeinnützigen Organisationen, aber auch von öffentlichen Stellen angeboten wird. Die schlechte Nachricht: In den meisten Fällen müssen Sie lange auf einen Beratungstermin warten. Ihnen läuft die Zeit davon – und Ihre prekäre Lage bedroht zunehmend Ihre wirtschaftliche Existenz und belastet mehr und mehr die Beziehung zu Ihrer Partnerin oder Ihrem Partner. Apropos: In welchen Fällen Sie für die Schulden Ihrer Ehefrau oder Ihres Ehemannes haften, erfahren Sie im Infokasten »Wann haftet der Ehegatte oder die Ehegattin für die Schulden?«.

Kommt ein persönlicher Termin nicht zustande, bieten manche Schuldnerberatungsstellen auch telefonische oder Online-Beratung[56].

Gehen wir aber an dieser Stelle davon aus, dass Sie eine Schuldnerberatungsstelle in Ihrer Stadt oder in Ihrem Landkreis persönlich aufsuchen. Viele scheuen sich vor dem Erstkontakt, weil sie fürchten, von ihrem Gegenüber »belehrt« zu werden. Ein guter und engagierter Schuldnerberater wird das keinesfalls tun, sondern gemeinsam mit Ihnen sofort nach Lösungen suchen. Die Schuldenberater empfehlen, sich auf das Erstgespräch gut vorzubereiten. Sie sollten Ihrem Berater oder Ihrer Beraterin einen genauen und ungeschönten Überblick über Ihre Einnahmen und Ausgaben geben. Bringen Sie möglichst alle Unterlagen zu Ihren Einnahmen, Ausgaben und Schulden vorsortiert mit. Das betrifft auch die bisherige Korrespondenz mit Banken und Ähnliches. Darüber hinaus ist es sinnvoll, wenn Sie Ihre Gläubiger über den anstehenden Beratungstermin unterrichten. Damit machen Sie deutlich, dass Sie ernsthaft bemüht sind, das Problem zu lösen, und nicht den Kopf in den Sand stecken.

Im Erstgespräch wird der Berater auch nach der Entstehungsgeschichte der Schulden und nach den aktuellen Lebensumständen der Schuldner fragen. Darüber hinaus wird er prüfen, inwieweit existenzsichernde Maßnahmen oder die Vermeidung von Vollstreckungsmaßnahmen erforderlich erscheinen. Droht zum Beispiel eine Kontopfändung, so sollte man kurzfristig ein pfändungsfreies Pfändungsschutzkonto (P-Konto) einrichten lassen. Damit sichern Sie sich den Grundfreibetrag von rund 1.330 Euro pro Monat. Zudem ist die Frage zu klären, ob Sie Anspruch auf staatliche Sozialleistungen haben, also etwa Bürgergeld (früher Hartz IV) oder Wohngeld.

Der Schuldenberater wird auch prüfen, ob die Ansprüche der Gläubiger Ihnen gegenüber berechtigt sind und was das mit Blick auf Kosten und Zinsen für Sie bedeutet. Hat sich der Schuldenberater ein Bild von Ihrer Situation gemacht, kann er einen Schuldenregulierungsplan erarbeiten und mit diesem einen außergerichtlichen Vergleich mit den Gläubigern anstreben. Dabei geht es nicht zuletzt um die Sicherung Ihres Existenzminimums. Wichtige Elemente zur Schuldenregulierung sind unter anderem:

- die Stundung von Forderungen,
- die Vereinbarung von Ratenzahlungen,
- der teilweise Erlass von Schulden.

Leider muss hinzugefügt werden, dass beileibe nicht alle Bemühungen zur Schuldenregulierung von Erfolg gekrönt sind. Langjährige Schuldenberater berichteten mir, dass sie mitunter reichlich frustriert sind, wenn sich eine Bank wieder einmal querstellt und eine außergerichtliche Schuldenbereinigung verhindert. Gerade Banken, die besonders aggressiv um Kreditkunden werben, reagieren ebenso aggressiv, wenn der Kunde in finanzielle Schwierigkeiten gerät. Hans Adolf T., selbst ehemaliger Banker in einer Mainzer Genossenschaftsbank und in seinem Ruhestand vorübergehend ehrenamtlicher Schuldenberater in einer rheinhessischen Gemeinde, sagte mir einmal: »Ich muss mir nur ansehen, bei welchen Banken der Betreffende verschuldet ist, um einschätzen zu können, ob das klappen könnte mit der Schuldenbereinigung oder nicht. Junge Bankerinnen und Banker sind am radikalsten, die wollen Karriere machen«.

Sollte die Einigung mit den Gläubigern scheitern, führt in der Regel an der Privatinsolvenz kein Weg vorbei. Die Schuldnerberater werden ihre Mandanten auch bei der Beantragung der Privatinsolvenz unterstützen.

Wann haftet der Ehegatte oder die Ehegattin für die Schulden?

Die gute Nachricht für alle Ehepaare: Für die Schulden des einen Ehegatten haftet der andere grundsätzlich nicht. Das gilt natürlich auch im Fall von gleichgeschlechtlichen Ehen. Dabei ist es unerheblich, ob das

Paar eine Gütertrennung vereinbart hat oder in einer Zugewinngemeinschaft lebt.

Anders verhält es sich hingegen, wenn das Ehepaar gemeinsam Fremdkapital aufgenommen, also gemeinschaftliche Schulden gemacht hat. Zum Beispiel, wenn das Paar gemeinsam ein Baudarlehen zum Erwerb einer Immobilie aufgenommen hat. Vorsicht ist auch geboten, wenn ein Ehegatte eine Bürgschaft für die Schuld des anderen aufnimmt. In solchen Fällen haften beide.

In einer intakten Ehe kann der Partner beziehungsweise die Partnerin überdies nach § 1357 BGB mitverpflichtet werden. Das gilt insbesondere für eine angemessene Beteiligung zur Deckung des Lebensbedarfs der Familie, also zum Beispiel den Einkauf von Lebensmitteln und so weiter.

Wichtig: Bisweilen drängen Banken und Inkassounternehmen darauf, dass der noch zahlungsfähige Partner die Schulden des anderen begleicht. Gehen Sie darauf nicht ein, lassen Sie sich gegebenenfalls anwaltlich beraten.

Beachten Sie: Schulden kann man auch erben. Für die Schulden, die ein Verstorbener hinterlässt, haftet man mit dem kompletten Privatvermögen. Allerdings können die Hinterbliebenen das Erbe natürlich ausschlagen; das muss allerdings innerhalb von sechs Wochen ab Kenntnis der Erbschaft erfolgen.

DIE PRIVAT- ODER VERBRAUCHERINSOLVENZ

Am 1. Januar 2021 trat die Reform des Insolvenzrechts in Kraft. Es gilt rückwirkend seit dem 1. Oktober 2020 für Privatinsolvenzen. Der Begriff macht schon deutlich: Diese Form der Insolvenz können nur private Verbraucher beantragen, also keine selbstständig Tätigen. Die Neuregelung des Privatinsolvenzrechts hat für die Betroffenen den Vorteil, dass sie schon nach drei Jahren (früher bis zu sechs Jahre) schuldenfrei sein können. Darüber hinaus gibt es keine Mindestquote mehr, die der Schuldner zahlen muss. Auch was die Verfahrenskosten angeht, brachte die Reform gewisse Erleichterungen für den Schuldner.

Trotzdem bleibt die Privatinsolvenz immer nur die Ultima Ratio, also der letztmögliche Weg für Schuldner, denn nach wie vor birgt sie auch Nachteile, auf die ich gleich noch näher eingehen werde. Zunächst aber zu den Vorteilen. Der Schuldner ist nach drei Jahren seine Verbindlichkeiten los. Konto- und Lohnpfändungen und andere nervenaufreibende Hiobsbotschaften muss man dann nicht mehr befürchten. Die Privatinsolvenz bietet die Chance auf einen Neustart. Nun zu den angesprochenen Nachteilen: Der Schuldner ist nicht mehr Herr über seine Ein- und Ausgaben, sondern bekommt vom Gericht einen Treuhänder vor die Nase gesetzt. An den überweist der Arbeitgeber des Schuldners regelmäßig den pfändungsfreien Anteil am Lohn oder Gehalt. Das heißt, der Arbeitgeber erfährt auf jeden Fall von der misslichen Lage seines Mitarbeiters oder seiner Mitarbeiterin, sofern er es – was die Regel ist – nicht schon längst weiß oder zumindest ahnt. Hinzu kommt, dass der Schuldner drei Jahre sein Konsumverhalten stark einschränken muss und zum Beispiel keine Ratenkaufverträge mehr abschließen oder Dispokredite in Anspruch nehmen darf. Außerdem wird der Vorgang bei der Schufa und anderen Auskunfteien aktuell drei Jahre nach der Restschuldbefreiung gespeichert. Das sind schlechte Karten für alle, die in dieser Zeit zum Beispiel eine neue Mietwohnung suchen. Allerdings gibt es mittlerweile Urteile (siehe OLG Schleswig vom 2. Juli 2021, Az. 17 U 15/21), wonach diese Daten sechs Monate nach der

Restschuldbefreiung von der Schufa gelöscht werden müssen. Bei Redaktionsschluss des vorliegenden Buches war dieses Urteil jedoch noch nicht rechtskräftig. Das letzte Wort hat der Bundesgerichtshof.

Nichts im Leben ist umsonst, auch nicht die Privatinsolvenz mit anschließender Restschuldbefreiung. So muss der Schuldner den Treuhänder bezahlen, die Gerichtskosten übernehmen und gegebenenfalls einen Anwalt oder Schuldnerberater bezahlen, der den Schuldner bei der Einleitung des Insolvenzverfahrens berät. Allerdings besteht die Möglichkeit der Stundung, also des Zahlungsaufschubs.

Wichtig: Sollte man in der dreijährigen Wohlverhaltensphase etwas erben, muss die Hälfte davon an den Treuhänder abgegeben werden. Wer eine große Summe erbt, kann versuchen, mit den Gläubigern zu einem Einigungsversuch zu kommen und auf diese Weise die Insolvenz vorzeitig zu beenden. Ferner hat der Schuldner während des Insolvenzverfahrens die Pflicht zu arbeiten. Wer arbeitslos ist, muss nachweisen, dass er sich um Arbeit bemüht und keine zumutbare Arbeit abgelehnt hat.

KAPITEL 5
WAS TUN BEI EXPLODIERENDEN ENERGIEPREISEN?

Nicht erst seit Ausbruch des Ukraine-Kriegs im Februar 2022 schossen die Energiepreise in die Höhe. Wohl aber hat der Angriffskrieg Russlands auf seinen Nachbarstaat die Situation noch einmal dramatisch verschärft. Und viele Menschen, die nicht zu den Spitzenverdienern zählen, fragen sich, wie sie dauerhaft ihre Energiekosten noch zahlen können. Der von der Bundesregierung gewährte Energiekostenzuschuss in Höhe von 300 Euro und die folgenden Entlastungspakete einschließlich der Gaspreisbremse mögen helfen, unter dem Strich bleibt dennoch eine erhebliche Belastung für alle. Da nicht davon auszugehen ist, dass die Energiepreise schon kurz- bis mittelfristig wieder sinken könnten (eher steht das Gegenteil zu befürchten), gehört zu einem individuellen Risikomanagement auch die Frage, wie man ganz konkret Energie sparen beziehungsweise die Energiekosten reduzieren kann. Salopp gefragt: Muss es unbedingt eine gut – bisweilen sogar zu gut – geheizte Stube sein, oder tut es zur Not nicht auch der dicke Pullover? Wie warm müssen oder sollten unsere Wohnungen,

Büros und Schulen eigentlich sein? Wann wird es gesundheitlich bedenklich, wann kommt es zur Schimmelbildung in den Wohnungen?

WIE WARM SOLL ODER MUSS DIE WOHNUNG SEIN?

Die Frage, wie warm Wohnungen sein müssen, lässt sich pauschal kaum beantworten. Eine Ärztin sagte mir einmal augenzwinkernd, es gebe eben »Warmblütler« und »Frostbeulen«. Das soll heißen: Die einen fühlen sich bei 19 Grad Celsius pudelwohl, die anderen suchen bei 23 Grad Celsius noch ihren Pullover. Vermieter sind allerdings verpflichtet, während der Heizperiode vom 1. Oktober bis 30. April (je nach Wetterlage kann dieser Zeitraum auch verlängert werden) in den Wohnungen ihrer Mieter eine Mindesttemperatur von 20 Grad Celsius zu garantieren. Nachts liegt die Mindesttemperatur bei 16 Grad Celsius.

Als Mieter sind Sie allerdings nicht verpflichtet, Ihre Wohnung zu heizen, auch nicht bis zu den genannten Mindesttemperaturen. Sollte in Ihrem Mietvertrag etwas anderes stehen, so ist die entsprechende Klausel nach Angaben des Deutschen Mieterbundes unwirksam. Wer sich bei 12 Grad Celsius, einem dicken Pullover und einem Glas Glühwein wohlfühlt – wohlan, niemand kann ihn dazu zwingen, das Thermostat seiner Heizung höherzudrehen. Allerdings muss der Mieter dafür sorgen, Kälteschäden zu vermeiden. Kommt er dem nicht nach, muss er gegebenenfalls für entsprechende Schäden – insbesondere Schimmelbildung – haften.

Allerdings lässt sich auch die Frage, ab wie viel Grad man Schimmelbildung vermeiden kann, nicht allgemeingültig beantworten.

Zunächst kommt es auf die Dämmung an. Wohnen Sie in einem modernen, gut gedämmten Haus, so reicht in der Regel eine Zimmertemperatur zwischen 15 bis 16 Grad Celsius aus, um Schimmelbildung zu vermeiden. Ältere, schlechter gedämmte Wohnungen müssen auf mindestens 18 oder 19 Grad beheizt werden. Das Bundesministerium für Umwelt, Naturschutz, nukleare Sicherheit und Verbraucherschutz gibt einen Mittelwert von 17 Grad Celsius an.

Aber wie warm sollte eine Wohnung sein, damit sich die Bewohner keine Erkältung oder Schlimmeres zuziehen. Die Weltgesundheitsorganisation empfiehlt eine Mindesttemperatur von 18 Grad, für vulnerable Gruppen wie ältere Menschen, Kinder oder Menschen mit chronischen Krankheiten sollte die Temperatur deutlich höher sein.

Verlassen Sie Ihre Wohnung für mehrere Tage – zum Beispiel, um einen Urlaub anzutreten –, dann reicht es aus, wenn die Zimmertemperatur auf 14 oder 15 Grad Celsius eingestellt wird. Wichtig: Wenn Sie Ihre Wohnung in der kalten Jahreszeit für mehrere Tage oder Wochen verlassen, sollten Sie die Heizung nie komplett abschalten, sondern bei einer Temperatur von 13 oder 14 Grad belassen. Ansonsten drohen bei Frost kaputte oder eingefrorene Leitungen und die erwähnte Schimmelbildung. Darüber hinaus ist der Energieaufwand, eine ausgekühlte Wohnung wieder aufzuheizen, beträchtlich.

WAS GILT AM ARBEITSPLATZ UND IN SCHULEN?

Während Sie in Ihrer Wohnung weitgehend selbst entscheiden können, wie warm es Ihnen sein soll, gilt am Arbeitsplatz eine gesetzliche Regelung. Laut Techniker Krankenkasse ist der Anspruch auf Wärme ausdrücklich festgeschrieben. Demnach muss die Lufttemperatur »gesundheitlich zuträglich« sein (Anhang 3.5 Absatz 1 der Arbeitsstättenverordnung). Konkret bedeutet dies:

- Bei leichten Arbeiten im Sitzen muss die Temperatur am Arbeitsplatz mindestens bei 20 Grad Celsius liegen. Bei mittelschweren Arbeiten im Stehen oder im Gehen reichen 17 Grad Celsius aus, bei schweren Arbeiten 12 Grad Celsius.
- Pausen-, Bereitschafts-, Liege-, Sanitär- und Sanitätsräume müssen mindestens 21 Grad warm sein.
- In Waschräumen, in denen Duschen oder Badewannen installiert sind, soll die Lufttemperatur bei Nutzung 24 Grad Celsius betragen.

Wichtig: Im Zeichen der Energiekrise wurden die genannten Mindesttemperaturen vorübergehend um 1 Grad Celsius gesenkt. Wer also zum Beispiel einem Bürojob nachgeht, dem ist auch eine Raumtemperatur von 19 Grad zuzumuten.

Auch für die Unterrichtsräume in den Schulen gilt eine Mindesttemperatur von 20 Grad Celsius. Nicht nur mit Blick auf die Corona-Pandemie empfiehlt es sich, die Klassenräume im Herbst etwa alle 20 Minuten für 5 und im Winter für circa 3 Minuten zu lüften. Nach einer sogenannten Stoßlüftung sinkt die Temperatur im Raum zwar kurzfristig um 2 bis 3 Grad Celsius, doch sobald die Fenster wieder geschlossen werden, steigt die Temperatur schnell wieder an, weil Wände, Decken und Böden gespeicherte Wärme abgeben.

ALTERNATIVEN: FERNWÄRME, PHOTOVOLTAIK, WINDENERGIE, BRENNSTOFFZELLE UND HOLZ

Die Nutzung von Fernwärme rechnet sich meist nur dann, wenn möglichst viele in Ihrem Wohngebiet an das Fernwärmenetz angeschlossen sind. Denn die Verlegung der Netze und der Bau von Erzeugungsanlagen erfordert erhebliche Investitionen. Tatsächlich weist der Einsatz von Fernwärme aber auch eine Reihe von Vorteilen auf. So kommt die Fernwärme gleichsam gebrauchsfertig in Ihr Haus beziehungsweise Ihre Wohnung und steht ganzjährig zur Verfügung. Sie brauchen darüber hinaus weder einen Heizkessel noch einen Lagerraum für Brennstoffe. Da die Wärme in einem Kraftwerk erzeugt wird und nicht in Ihrer Wohnung, fallen für Sie auch keine Wartungsarbeiten zum Beispiel für den Brennkessel an. Und schließlich gilt Fernwärme aufgrund von geringeren CO_2-Emissionen als umweltfreundlich.

Das sind die Vorteile. Doch natürlich sollten Sie auch die Nachteile beachten. Durch dic oft ziemlich langen Transportwege zum Kunden geht ein Teil der produzierten Wärme verloren. Daher lohnen sich Fernwärmenetze nur in einem Umkreis von maximal 20 Kilometern. Überdies sollten Sie bedenken, dass durch die langfristige Bindung an einen Erzeuger ein kurzfristiger Anbieterwechsel nicht möglich ist. Die jeweiligen Anbieter sollten Sie mithin vor Vertragsabschluss genau miteinander vergleichen.

Wenn Sie sich für Fernwärme entscheiden, entfallen zwar die Kosten für die Anschaffung der Heizung und deren Wartung. Dennoch sind die Verbrauchskosten für den laufenden Betrieb meist teurer als bei konventionellen Heizungen. Darüber hinaus unterscheiden sich die Fernwärmepreise regional sehr stark.

Zusammenfassend lässt sich sagen: Fernwärme ist besonders in stark besiedelten Ballungsräumen rentabel und deshalb gibt es auch vor allem in Großstädten und weniger in ländlichen Gegenden entsprechende Angebote. Bedenken sollten Sie letztlich, dass ein kurzfristiger Wechsel der Heizungsart nicht möglich ist. Sie legen sich mit der Entscheidung für Fernwärme lange fest.

Entscheiden Sie sich für eine **Photovoltaik-Anlage**, so werden Sonnenkollektoren auf dem Dach Ihres Hauses angebracht. Deren Solarzellen wandeln die Sonnenenergie in Strom um. Dadurch werden Sie gleichsam zu Ihrem eigenen Stromproduzenten. Der auf diese Weise erzeugte Strom gelangt in das Hausnetz. Er kann entweder sofort verbraucht oder mittels Solarspeicher gespeichert werden. Für ein kleines Einfamilienhaus mit kleinem Dach liegen die Kosten für Photovoltaik bei knapp 10.000 Euro, bei einem großen Dach bei circa 19.000 Euro.[57] Generell gilt: Je weiter südlich Sie wohnen, desto mehr lohnt sich eine solche Solaranlage aufgrund der intensiveren Sonneneinstrahlung. Nach Angaben von Experten sind im Norden Deutschlands rund 950 Kilowattstunden pro Quadratmeter zu erwarten, in Süddeutschland über 1.100.[58]

Hat der Süden des Landes einen Vorteil bei Photovoltaikanlagen, so profitiert der Norden vom Wind. Windräder sorgen dafür, dass diese **Windenergie** in Strom umgewandelt wird. Dieser lässt sich entweder ins Hausnetz oder aber in das allgemeine Stromnetz einspeisen.

Bedenken Sie: Sollten Sie planen, eine kleine Windkraftanlage auf Ihrem eigenen Grundstück installieren zu lassen, so müssen Sie dies in der Regel genehmigen lassen, wobei die Vorschriften hierfür von Bundesland zu Bundesland unterschiedlich sind.

Die **Brennstoffzelle** funktioniert nach dem Prinzip der Kraft-Wärme-Kopplung. Sie erzeugt Wärme und kann gleichzeitig einen Teil der Wärmeenergie dazu verwenden, Strom zu erzeugen. Eine Brennstoffzellenheizung kann sich zum Beispiel für ein Einfamilienhaus als empfehlenswerte Option zum effizienten Umgang mit Energie erweisen.

Eine weitere Alternative ist das **Heizen mit Holz**. Der mittlerweile fast schon inflationär verwendete Begriff »Nachhaltigkeit« stammt eigentlich aus der Forstwirtschaft und besagt schlicht und einfach, dass nur so viele Bäume gefällt werden dürfen, wie anschließend wieder nachwachsen. Das wirft dann schon die Frage auf, ob unter diesem Aspekt das zunehmende Heizen mit Holz, was ja immer größere Mengen an Holz erfordert, wirklich nachhaltig ist.

Doch wie dem auch sei, in Zeiten der Energiekrise steigt die Nachfrage nach Öfen und Heizungen mit Holz signifikant. Tatsächlich gilt Holz in Deutschland als klimafreundlicher Brennstoff und erneuerbare Energie. Experten schätzen, dass schon im Frühjahr 2022 mehr als eine Million Haushalte in Deutschland Scheitholz, Holzpellets oder Holzhackschnitzel als primäre Energiequelle zum Heizen des kompletten Wohnraums nutzten.[59] Und die Nachfrage nach Öfen und Heizungen, die mit Holz oder Pellets betrieben werden, steigt weiter. Nach Angaben des Deutschen Pelletinstituts, das dem Deutschen Energieholz- und Pellet-Verband angehört, wurden im ersten Halbjahr 2022 rund 32.000 Pelletheizungen verkauft, 12 Prozent mehr als im Vergleichszeitraum des Vorjahres.

Doch auch die Preise für Brennholz und Holzpellets für Öfen und Heizungen steigen deutlich: Sie lagen nach Angaben des Statistischen Bundesamtes im August 2022 um knapp 86 Prozent über denen des Vorjahresmonats. Zum Vergleich: Die Verbraucherpreise insgesamt kletterten im selben Zeitraum um 7,9 Prozent. Gründe für die stark überdurchschnittliche Preissteigerung seien neben der gestiegenen Nachfrage auch die höheren Beschaffungs- und Transportkosten in der Holzindustrie, erklären die Statistiker. Wer mit Holz heizt, macht sich zwar unabhängig von Gas und Strom, aber längerfristig gesehen ist dies nicht unbedingt eine kostengünstige Alternative.

Praxistipp

Bei der KfW-Bank gibt es zinsgünstige Kredite für Maßnahmen, die die Energieeffizienz bei Bestandsimmobilien verbessern. Zu diesen Maßnahmen gehören konkret:

- Fassadendämmung und Sonnenschutz,
- Dachdämmung,
- Kellerdeckendämmung,
- Fenster erneuern und Sonnenschutz,
- Heizung austauschen,
- Lüftungsanlage einbauen oder erneuern,
- Photovoltaik-Anlage einbauen,
- Solarthermie-Anlage einbauen.

REDUZIERUNG DER ENERGIE- UND HEIZKOSTEN

Maßnahmen zur eigenen Energieerzeugung verursachen zunächst einmal hohe Kosten. Bis sich die Investition rechnet, vergehen meist Jahre. Erheblich preiswerter ist es, einige Tipps und Tricks zu befolgen und auf diese Weise die Energie- und Heizkosten zu senken oder zumindest deren Anstieg zu bremsen. So sollten Sie zum Beispiel darauf achten, die Heizkörper regelmäßig zu entlüften und keine Möbel vor den Heizkörpern zu platzieren. Die Experten der KfW-Bank halten weitere Tipps zum Energiesparen bereit. Dazu gehört etwa, die Räume richtig zu temperieren. Die optimale Raumtemperatur liegt in Wohnräumen bei 19 bis 20 Grad Celsius, in Fluren und Schlafzimmern reichen 16 bis 18 Grad. Jedes Grad darüber erhöht die Heizkosten um bis zu 6 Prozent.

Hätten Sie gedacht, dass die Beleuchtung zwischen 8 und 12 Prozent des privaten Stromverbrauchs ausmacht? Man sollte also das Licht nur in Räumen brennen lassen, in denen man sich tatsächlich aufhält. So banal dieser Tipp klingen mag, wenn Sie ihn befolgen, können Sie bares Geld sparen.

Beim Kauf von neuen Elektrogeräten sollten Sie auf Energie- und Umweltlabels achten. Zu den wichtigsten Effizienzlabels gehören das EU-Label, der Blaue Engel, der ENERGY Star, das TCO-Label und das EU-Eco-Label (Euro-Blume).

Statt dauerhaft zu lüften, sollte man lieber gelegentlich stoßlüften. Öffnen Sie dabei alle Fenster und schalten Sie in der kalten Jahreszeit die Heizkörper aus, damit so wenig Wärmeenergie wie möglich verloren geht. Besonders effektiv und energiesparend lüften Sie mit einer Lüftungsanlage mit Wärmerückgewinnung. Die Vorteile: Dank eingebauter Filter können auch Feinstaub, Allergene und Gerüche aus der Luft gefiltert werden. Darüber hinaus regulieren Luftfiltersysteme die Luftfeuchtigkeit – so vermeiden Sie Schimmelbildung und schützen die Bausubstanz vor Feuchtigkeitsschäden. Dank Wärmerückgewinnung sparen Sie zudem Heizkosten.[60]

Die Verbraucherzentrale Hamburg gibt folgende Energiespartipps:

- Heizen schlägt beim häuslichen Energieverbrauch am stärksten zu Buche: Jedes Grad Raumtemperatur weniger spart bis zu 6 Prozent Heizkosten.
- Fugen an Fenstern und Türen sollten ordentlich abgedichtet sein.
- Kurzes Lüften (längstens 10 Minuten) auf Durchzug bringt ausreichend frische Luft und hält die Wärmeverluste gering.
- Unterschätzen Sie nicht die Höhe der Energie, die allein durch den Stand-by-Verbrauch von Elektrogeräten entstehen.
- Beim Neukauf elektrischer Geräte orientieren Sie sich am besten an deren Energieverbrauch.
- Jeder Topf hat seine Platte: Das Kochgeschirr sollte zum Durchmesser der Kochplatte passen.
- Ein 60-Grad-Waschgang verbraucht rund halb so viel Energie wie eine Kochwäsche.
- Mit einem 30-Grad-Waschgang sparen Sie rund 30 Prozent an Energie im Vergleich zur 40-Grad-Wäsche.
- Alte Kühlschränke weisen einen sehr hohen Stromverbrauch auf. Sollten Sie den nötigen finanziellen Spielraum haben, investieren Sie in ein energieeffizienteres Gerät. Ein Kühlschrank aus den 1990er Jahren verbraucht pro Jahr etwa 359 Kilowattstunden, ein energiesparendes Modell der Energieeffizienzklasse A nur etwa 93 Kilowattstunden.
- Hände und Zähne werden auch mit kaltem Wasser sauber.
- Die Energiekosten für eine volle Badewanne sind rund viermal so hoch wie für eine Dusche.

WAS TUN, WENN ICH MEINE ENERGIE-RECHNUNGEN NICHT MEHR ZAHLEN KANN?

Die Deutschen galten einmal als Weltmeister im Sparen. Doch damit scheint es nun vorbei zu sein, jedenfalls wenn man einer im Sommer 2022 veröffentlichten Untersuchung der Direktbank ING Deutschland glaubt.[61] Danach hat etwa jeder dritte Privathaushalt in der Bundesrepublik kein Geld mehr auf der hohen Kante. Es ist also durchaus verständlich, dass sich viele vor drastisch steigenden Energiepreisen fürchten, so wie sie sich im Laufe des Jahres 2022 abzeichneten. Was aber passiert, wenn Sie den monatlichen Abschlagszahlungen an Ihren Versorger nicht mehr nachkommen können? Und vor allem: Was können Sie dagegen tun, ohne zu riskieren, von der Versorgung abgeschnitten zu werden?

Nehmen wir also an, Sie können einer monatlichen Abschlagszahlung nicht mehr nachkommen. In diesem Fall dürften Sie relativ schnell (in der Regel innerhalb von wenigen Tagen) eine Mahnung von Ihrem Energieversorger erhalten. Mitunter wird dann sogar schon eine Mahngebühr fällig. Wenn es irgendwie geht, sollten Sie nun innerhalb von vier Wochen zahlen, ansonsten drohen ernstere Konsequenzen. Schon ab einem Zahlungsrückstand von 100 Euro darf der Versorger Strom und/oder Gas abstellen.

Allerdings ist der Versorger verpflichtet, den Kunden zuvor über kostenlose Möglichkeiten zu informieren, wie er eine Unterbrechung der Versorgung vermeiden kann. Dies können etwa Hinweise auf Hilfsangebote oder staatliche Unterstützungsmaßnahmen sowie anerkannte Schuldner- oder Verbraucherberatungsstellen sein. Der Verbraucher sollte die Frist von vier Wochen unbedingt nutzen, um sich informieren und helfen zu lassen. Darüber hinaus hat der Kunde die Möglichkeit, eine zinsfreie Ratenzahlung mit seinem Versorger zu vereinbaren, um eine Strom- und Gassperre zu verhindern. Wichtiger Hinweis: Diese Tipps beziehen sich auf den Rechtsstand im August 2022. Zu dieser Zeit waren im politischen Raum weitere Maßnahmen im Gespräch, um eine Strom- oder Gassperre zu verhindern. Im Ernstfall sollte man sich daher unbedingt bei der nächstgelegenen Verbraucherberatung informieren.

KAPITEL 6
RISIKO ARBEITSLOSIGKEIT

Auch wenn die Arbeitslosenquoten in den vergangenen Jahren erfreulicherweise gesunken sind und in vielen Bereichen Fachkräfte händeringend gesucht werden, ist niemand gegen den Verlust seines Jobs gefeit. Arbeitslosigkeit ist nach Erkenntnissen des Statistischen Bundesamtes ein häufiger Auslöser für Überschuldung. Das ist kaum verwunderlich: Der oder die Betroffene bekommt deutlich weniger Geld, die laufenden Kosten (Miete, Raten für die Baufinanzierung, Leasingraten, Gas, Wasser, Strom und so weiter) bleiben hingegen gleich. Doch sind es nicht nur die drohenden finanziellen Engpässe, die Arbeitslosen zu schaffen machen, viele verfallen auch in psychische Probleme, fühlen sich abgeschoben, nicht mehr wertgeschätzt, bisweilen sogar ausgestoßen von der Gesellschaft. Manche schämen sich sogar, offen über ihren Jobverlust zu sprechen. Den Kopf in den Sand zu stecken, ist aber genau die falsche Strategie.

In aller Regel verlieren Sie nicht von heute auf morgen Ihren Job. Ihr Arbeitgeber muss – wie auch Sie, wenn Sie Ihren Arbeitsplatz wechseln möchten – natürlich eine Kündigungsfrist einhalten. Meist sind dies drei Monate; je länger Sie für das betreffende Unternehmen gearbeitet haben, desto länger ist üblicherweise die Kündigungsfrist. Während dieser Zeit arbeiten sie entweder noch im Unternehmen, oder aber – was häufiger der Fall ist – sie werden freigestellt, beziehen aber bis zum Ablauf der Kündigungsfrist Ihr Gehalt in voller Höhe. Mit anderen Worten: Sie gewinnen Zeit, um sich nach einem Job umzuschauen und die Weichen zu stellen, um im Fall einer zu erwartenden längeren Arbeitslosigkeit die finanziellen Folgen abzumildern.

Was Sie nach einer Kündigung zeitnah erledigen sollten:

1. Melden Sie sich bei der Bundesagentur für Arbeit als arbeitssuchend. Das ist wichtig, damit Sie später keine finanziellen Nachteile beim Bezug von Arbeitslosengeld erleiden (siehe nächster Abschnitt).
2. Prüfen Sie beziehungsweise lassen Sie prüfen, ob die Kündigung rechtens ist. Ansonsten reichen Sie Kündigungsschutzklage beim zuständigen Arbeitsgericht ein. Zuständig ist das Gericht, in dessen Zuständigkeit der Betriebssitz des beklagten Unternehmens fällt. Möglicherweise können Sie sich eine Abfindung sichern.
3. Bitten Sie Ihren bisherigen Arbeitgeber um ein aktuelles Zwischenzeugnis (was in der Regel natürlich nur sinnvoll ist, wenn Sie nicht beabsichtigen, eine Kündigungsschutzklage einzureichen).
4. Bringen Sie Ihre Bewerbungsunterlagen auf den neuesten Stand.
5. Durchforsten Sie Stellenausschreibungen im Internet, in den Social Media, aber auch in Zeitungen und Fachmagazinen. Machen Sie eine Internet-Recherche und suchen Sie alle Unternehmen, die als potenzielle Arbeitgeber für Sie infrage kommen. Schreiben Sie Initiativbewerbungen, also auch dann, wenn das betreffende Unternehmen aktuell keinen Job zu besetzen hat.

6. Reduzieren Sie schon einmal präventiv Ihre monatlichen Belastungen, sofern dies möglich ist.
7. Schweigen Sie nicht beschämt, sondern informieren Sie ganz offensiv Ihr persönliches und berufliches Umfeld, dass Sie auf Jobsuche sind.
8. Zeichnet sich eine längere Arbeitslosigkeit ab und müssen Sie monatlich Tilgungsraten für Ihr Baudarlehen zahlen, so fragen Sie Ihre Bank nach einer vorübergehenden Aussetzung der Tilgung. In diesem Fall zahlen Sie nur noch die Zinsen.

Bevor wir diese acht Punkte noch etwas genauer unter die Lupe nehmen, definieren wir zunächst, wann eine Person als arbeitslos gilt.

Arbeitslos ist, wer

- gar nicht oder weniger als 15 Stunden in der Woche arbeitet,
- den Vermittlungsbemühungen der Agentur für Arbeit zur Verfügung steht,
- sich auch selbst bemüht, eine versicherungspflichtige Beschäftigung zu finden.[62]

Kommen wir nun also zu den oben aufgeführten acht Punkten.

Zu Punkt 1: Wenn Sie offiziell als »arbeitssuchend« gemeldet sind, werden Sie auch von der Bundesagentur für Arbeit bei der Suche nach einem neuen Job unterstützt. Ziel ist es, im Idealfall einen Anschlussarbeitsplatz gleich nach Ablauf Ihrer Kündigungsfrist zu finden; dann würden Sie überhaupt nicht arbeitslos. Sollte das nicht möglich sein, soll Ihnen die Arbeitssuchenden-Meldung helfen, möglichst schnell einen neuen Job zu finden. Nun mögen Sie kritisch ins Feld führen, die Agentur würde eh keinen adäquaten Arbeitsplatz für Sie finden, weil Sie zum Beispiel überqualifiziert für bestimmte Jobs sind. Das mag sein, trotzdem ist die Arbeitssuchenden-Meldung wichtig, um später keine finanziellen Nachteile beim Bezug von Arbeitslosengeld hinnehmen zu müssen. Wichtig in diesem Zusammenhang: Sie sollten sich spätestens drei Monate vor Beendigung Ihrer bisherigen Beschäftigung als arbeitssuchend melden. Verlieren Sie kurzfristig Ihren Arbeitsplatz, gilt eine Frist von drei Tagen, innerhalb deren sie sich arbeitssuchend melden müssen.

Sie können sich übrigens auch online (https://www.arbeitsagentur.de/arbeitslos-arbeit-finden) oder telefonisch (0800 4555500) als arbeitssuchend melden. Wichtig: Die Arbeitssuchenden-Meldung ersetzt nicht die spätere Arbeitslosmeldung.

Zu Punkt 2: Tatsächlich können Arbeitnehmer nur mit triftigen Gründen gekündigt werden. Haben Sie den Eindruck, dass in Ihrem Fall ein solcher Grund nicht vorliegt, lassen Sie die Kündigung prüfen und reichen Sie gegebenenfalls eine Kündigungsschutzklage beim zuständigen Arbeitsgericht ein. Gewerkschaftsmitglieder genießen in einer solchen Situation übrigens Rechtshilfe. Falls Sie keiner Gewerkschaft oder einem anderen Verband angehören, der Sie im Fall der Fälle vertritt, haben Sie zwei Möglichkeiten: Sie können allein, also ohne Anwalt, vor Gericht ziehen, oder Sie nehmen sich einen Anwalt oder eine Anwältin, was die Chancen auf einen für Sie günstigen Ausgang meist erhöht. Wichtig zu wissen, falls Sie sich selbst vertreten: Ihre Klage muss nach der Entlassung innerhalb von drei Wochen beim Arbeitsgericht vorliegen, sonst ist sie unwirksam. Reichen Sie neben der Klageschrift relevante Unterlagen wie Kündigungsschreiben, Arbeitsvertrag und Gehaltsabrechnungen mit ein. Einen Anspruch auf Abfindung haben Sie zwar nicht, sollten aber Zweifel an der Rechtmäßigkeit der Kündigung bestehen, sind Arbeitgeber oft bereit, eine Abfindung zu zahlen, »um die Sache aus der Welt zu schaffen«.

Zu Punkt 3: Sofern noch ein relativ gutes Verhältnis zu Ihrem bisherigen Arbeitgeber besteht, bitten Sie um ein wohlwollendes Zwischenzeugnis für Ihre anstehenden Bewerbungen. Wenn noch nicht allzu viel Porzellan zerschlagen wurde, sind Arbeitgeber dazu normalerweise gern bereit, um nicht noch mehr Öl ins Feuer zu gießen.

Zu Punkt 4: Aktualisieren Sie Ihre Bewerbungsunterlagen und Ihre Profile in den sozialen Netzwerken. Das ist wichtig für Ihre Arbeitsplatzsuche. Für eine Arbeitsplatzsuche erscheint es wichtig, alle beruflichen Stationen sowie die Beschreibung der einzelnen Positionen korrekt und aussagekräftig anzugeben. Die Internet-Seiten sowie die Social-Media-Präsenz von Unternehmen sind außerdem wichtige Informationsquellen, damit Sie sich auf ein mögliches Bewerbungsgespräch bei einem potenziellen Arbeitgeber gut vorbereiten können.

Zu Punkt 5: Dass Sie regelmäßig die Stellenausschreibungen im Internet und in den einschlägigen Printmedien studieren, ist eigentlich selbstverständlich. Initiativbewerbungen mögen vielleicht den »Frustfaktor« erhöhen, weil mit einer hohen Zahl von Absagen zu rechnen ist, doch werden aussagekräftige Initiativbewerbungen in den Personalabteilungen gemeinhin positiv bewertet. Und wer weiß, vielleicht landen Sie ja einen Volltreffer.

Zu Punkt 6: Ganz gleich, ob Sie nur kurzfristig oder länger beschäftigungslos sind, nehmen Sie diese Situation zum Anlass, um Ihre Kosten zu reduzieren. Kündigen Sie zum Beispiel teure Abos, prüfen Sie Ihren Versicherungsschutz auf überflüssige Policen, und sollte demnächst der Leasingvertrag für Ihre Luxuslimousine ablaufen, dann fragen Sie sich selbstkritisch, ob es ein so teures Auto wirklich sein muss. Ihre Vereinsmitgliedschaft zu kündigen, ist allerdings keine gute Idee, denn gerade in Ihrer Situation sollten Sie sich nicht zurückziehen, sondern soziale Kontakte pflegen.

Zu Punkt 7: Oft verschweigen Betroffene ihre Arbeitslosigkeit in ihrem Verwandten- und Freundeskreis. Manche halten den Verlust des Jobs sogar vor ihrer Partnerin oder ihrem Partner, so lange es geht, geheim. Bisweilen entsteht der Eindruck, als fühlten sich Arbeitslose stigmatisiert. Und mitunter fürchten Betroffene auch die Schadenfreude mancher Mitmenschen. Unsinn! Wer so reagiert, ist ohnehin kein guter Freund. Kommunizieren Sie ganz offen und selbstbewusst, dass Sie einen Job suchen. »Vitamin B« – also gute Beziehungen – kann durchaus helfen, einen neuen Arbeitsplatz zu finden.

Zu Punkt 8: Angenommen, Sie zahlen noch Ihr Haus und Ihre Eigentumswohnung ab. Mit dem zu erwartenden Arbeitslosengeld und dem eventuellen Einkommen Ihres Partners oder Ihrer Partnerin können Sie diese Belastung nicht stemmen. Auch hier gilt: Den Kopf in den Sand zu stecken, ist die mit Abstand schlechteste Strategie. Sprechen Sie ganz offen mit der finanzierenden Bank. Tilgungsraten lassen sich vorübergehend aussetzen, Sie zahlen dann nur noch die Zinsen. An einer aufwändigen Zwangsversteigerung sind auch die Kreditinstitute meist nicht interessiert. Wenn

Sie ansonsten ein zuverlässiger Schuldner waren, wird man Ihnen sicher in Form einer Tilgungsaussetzung entgegenkommen.

WAS SIND DIE VORAUSSETZUNGEN FÜR ARBEITSLOSENGELD I?

Im Folgenden geht es ausschließlich um Arbeitslosengeld I, also nicht um Arbeitslosengeld II, umgangssprachlich auch als Hartz IV bezeichnet, an dessen Stelle zum 1. Januar 2023 das sogenannte Bürgergeld getreten ist. Arbeitslosengeld I bekommt:

- wer die Anwartschaft erfüllt. In der Regel heißt das: Der Betreffende muss in den 30 Monaten, die der Arbeitslosmeldung vorangegangen sind, mindestens 12 Monate versicherungspflichtig beschäftigt gewesen sein.
- Man muss sich bei einer Agentur für Arbeit arbeitslos gemeldet haben.
- Der oder die Betreffende ist ohne Beschäftigung, könnte aber einer versicherungspflichtigen Beschäftigung nachkommen (mindestens 15 Stunden pro Woche).
- Der oder die Betreffende sucht eine versicherungspflichtige Beschäftigung und arbeitet mit der Agentur für Arbeit zusammen.

MIT WIE VIEL ARBEITSLOSENGELD KÖNNEN SIE RECHNEN?

Vereinfacht dargestellt, wird das Arbeitslosengeld I wie folgt berechnet (nachfolgend eine Darstellung der Bundesagentur für Arbeit): Grundlage der Berechnung ist Ihr Brutto-Arbeitsentgelt (Gehalt) der vergangenen 12 Monate. Dieser Betrag wird geteilt durch die Anzahl der Tage eines Jahres, also 365. Das Ergebnis ist Ihr Brutto-Arbeitsentgelt pro Tag.

Davon werden die Lohnsteuer und ein Pauschalbetrag für die Sozialversicherung in Höhe von 20 Prozent abgezogen. Diese Abzüge dienen nur der Berechnung und werden nicht tatsächlich abgeführt. Das Ergebnis ist Ihr Netto-Entgelt pro Tag.

60 Prozent dieses Netto-Entgelts sind der Betrag, den Sie als Arbeitslosengeld pro Tag erhalten. Er erhöht sich auf 67 Prozent, falls Sie oder Ihr Ehe-/Lebenspartner ein Kind oder mehrere Kinder haben.

Bis zum 50. Lebensjahr erhalten Sie 12 Monate Arbeitslosengeld I. Ab dem 50. Lebensjahr steigt die Bezugsdauer in mehreren Schritten auf bis zu 24 Monate an. Diese höchste Bezugsdauer gilt für Arbeitslose, die 58 Jahre oder älter sind. Voraussetzung: Sie waren 48 Monate oder länger versicherungspflichtig.

Wie viel Arbeitslosengeld Sie bekommen, können Sie auf der Internetseite der Bundesanstalt für Arbeit berechnen (http://www.pub.arbeitsagentur.de/alt.html).

Wie erwähnt hat Arbeitslosengeld I nichts zu tun mit dem früheren Arbeitslosengeld II, heute: Bürgergeld. Das Bürgergeld ist eine Grundsicherung für Langzeitarbeitslose ebenso wie für in Not geratene Solo-Selbstständige oder auch Flüchtlinge. Es soll das Existenzminimum sichern. Finanziert wird es nicht aus der Arbeitslosenversicherung, sondern aus Steuergeldern. Im Jahr 2022 lag der Hartz IV-Regelsatz (Arbeitslosengeld II) bei 449 Euro für eine alleinstehende Person ohne Kinder. Seit dem 1. Januar 2023 erhalten alleinstehende Erwachsende ein Bürgergeld von monatlich 502 Euro, zuzüglich Wohngeld und Leistungen für Kinder sowie einen Weiterbildungszuschuss von 150 Euro.

CHECKLISTE: WAS TUN IM FALL VON ARBEITSLOSIGKEIT?

1. Schritt: Analyse der finanziellen Ist-Situation (bei drohender oder bereits erfolgter Kündigung)
   - Prüfen Sie, was Ihnen noch zusteht an Gehältern, anteiligen Sozialleistungen oder Überstundenvergütung.
   - Erhalten Sie eine Abfindung? Lässt sich über deren Höhe noch verhandeln? Was steht Ihnen an Arbeitslosengeld zu?
   - Wie hoch sind Ihre Ersparnisse?
   - Kann das Einkommen des Partners oder der Partnerin die Lücke zwischen Ihrem bisherigen Gehalt und dem Arbeitslosengeld zumindest vorübergehend ausgleichen?
   - Auf welche Anschaffungen oder Investitionen können Sie kurzfristig verzichten (Urlaub, Auto, Möbel)?
   - Welche regelmäßigen Ausgaben lassen sich reduzieren oder ganz streichen?

2. Schritt: Bestimmen Sie, wie viel Zeit Sie überbrücken können
   - Verschaffen Sie sich unter Berücksichtigung der oben genannten Positionen einen Überblick, wie viel Geld Sie zur Verfügung haben und wie lange Sie mit diesem Betrag Ihre Zahlungsverpflichtungen und Ihren Lebensunterhalt bestreiten können.
   - Sobald Sie Ihre »finanzielle Reichweite« bestimmt haben, wissen Sie, wie viel Zeit Ihnen bleibt, um nach Lösungsmöglichkeiten zu suchen. Doch schieben Sie dies nicht auf die lange Bank, selbst wenn Sie mit Ihren Ersparnissen noch gut ein Jahr leben können.

- Erstellen Sie Ihr individuelles »Worst-Case-Szenario«: Was könnten Sie veräußern, wenn Ihre Beschäftigungslosigkeit doch von längerer Dauer sein sollte? Gibt es jemanden in Ihrer Familie, der Ihnen im schlimmsten Fall unter die Arme greifen würde? Falls Sie Immobilien-Eigentümer sind: Stellen Sie fest, zu welchem Preis Sie im Notfall Ihre Eigentumswohnung oder Ihr Haus verkaufen könnten.

3. Schritt: Sprechen Sie mit Ihrer Bank
   - Haben Sie bereits konkret eine neue Stelle in Aussicht oder verfügen Sie über ausreichende Rücklagen, um Ihren Zahlungsverpflichtungen längere Zeit nachkommen zu können, so warten Sie die Entwicklung der kommenden Wochen erst einmal ab, bevor Sie mit Ihrer Bank sprechen. Aber handeln Sie sofort, wenn sich Ihre Hoffnungen auf einen neuen Arbeitsplatz zerschlagen und Sie eine längere Phase der Arbeitslosigkeit befürchten (auch dann, wenn Sie noch ein paar Monate Rücklagen haben).
   - In allen anderen Fällen ist es ratsam, umgehend mit der Bank zu sprechen. Zeichnet sich eine längere Arbeitslosigkeit ab oder müssen Sie Ihren Standort wechseln, dann sollten Sie als Immobilien-Eigentümer rechtzeitig versuchen, Ihr Objekt zu einem guten Preis zu verkaufen. Denn später könnte dies schwieriger werden, weil ein gewiefter potenzieller Käufer sofort spürt, wenn ein Verkäufer unter Zeitdruck steht.

KAPITEL 7
WENN SELBSTSTÄNDIGEN DIE PLEITE DROHT

So richtig drangen sie erst während der Corona-Krise und den damit einhergehenden Lockdowns ins Bewusstsein der Menschen ein: die Solo-Selbstständigen, früher oft als Einzelkämpfer bezeichnet. Sie arbeiten selbstständig, haben aber keine angestellten Mitarbeitenden. Viele von ihnen sind im kulturellen Sektor zu finden (freie Journalisten, Autoren, Schauspieler, Regisseure und so weiter), aber auch viele Volkshochschullehrer, Programmierer und Haushaltshilfen arbeiten als Solo-Selbstständige. Schätzungen zufolge gab es in Deutschland vor der Corona-Pandemie etwa zwei Millionen solcher Einzelkämpfer, das entspricht rund 5 Prozent aller Erwerbstätigen. Manche verdienen jährlich ein sechsstelliges Honorar (zum Beispiel freie IT-Berater), andere nicht einmal 20.000 Euro und kommen nur über die Runden, wenn der Partner oder die Partnerin einen guten Job hat und einen Großteil der monatlichen Kosten übernehmen kann, oder aber die Eltern greifen ihrer Tochter beziehungsweise ihrem Sohn finanziell unter die Arme. Während der Corona-Krise waren zahlreiche Solo-Selbstständige in ihrer Existenz bedroht. Einige konnten dank staatlicher Zuwendungen und privater Rücklagen einigermaßen wirtschaftlich überleben, andere führte der Weg geradewegs in die Insolvenz.

Aber nicht immer sind es Pandemien oder andere »schwarze Schwäne« (also unvorhersehbare Ereignisse), die Freiberufler und kleine Gewerbetreibende in wirtschaftliche Probleme treiben können. Vielleicht erweist sich die Geschäftsidee des Kleinunternehmers als am Markt nicht durchsetzbar, vielleicht gerät ein größerer Kunde in Zahlungsschwierigkeiten und der Lieferant bleibt auf seinen Forderungen sitzen, vielleicht ist es ein kräftiger Konjunktureinbruch, der dem Unternehmen zu schaffen macht. Wie auch immer, gerät die Firma – sei es nun ein Solo-Selbstständiger oder ein kleiner Gewerbetreibender mit einer Reihe von Mitarbeitenden – in wirtschaftlich schwieriges Fahrwasser, dann setzen viele Unternehmer und Freiberufler oft zunächst einmal auf das Prinzip Hoffnung: Wird schon gutgehen, in ein paar Monaten ist die Krise überwunden, und so lange halte ich das noch durch. Mehr noch als ein Angestellter, der seinen Job verliert, aber zumindest auf Arbeitslosengeld hoffen darf, steht der Unternehmer oder der Solo-Selbstständige unter einem enormen psychischen und sozialen Stress. Denn für ihn gilt nicht die Devise »Too big to fail« (also zu groß, um zu scheitern, daher wird der Staat im Zweifelsfall schon helfen). In dieser Stresssituation begehen viele Betroffene Fehler, die im schlimmsten Fall sogar strafrechtliche Konsequenzen haben können. Beachten Sie die folgenden Punkte:

1. Verschaffen Sie sich einen realistischen Überblick über Ihre finanzielle Situation. Wunschdenken führt in solchen Situationen nicht weiter. Wenn Sie erkennen, dass Sie Ihren Status als

Selbstständiger nicht mehr aufrechterhalten können, leiten Sie gemeinsam mit Ihrem Steuerberater den geordneten Rückzug an und melden Sie Ihr Gewerbe ab.
2. Bringen Sie Ihre Buchhaltung in Ordnung. Bereiten Sie Ihre abschließende Steuererklärung als Selbstständiger vor.
3. Machen Sie gegenüber Ihren Gläubigern keine Versprechungen auf Zahlungen, die Sie später nicht halten können.
4. Falls Sie Mitarbeitende beschäftigen: Informieren Sie diese frühzeitig über Ihre schwierige Situation. Möglicherweise erhält Ihr Personal Insolvenzgeld für noch ausstehende Löhne.
5. Versuchen Sie, Teile Ihres Betriebsvermögens, über die Sie noch frei verfügen können, zu verkaufen.
6. Kündigen Sie laufende Verträge und Einzugsermächtigungen.

Wer immer sich selbstständig machen möchte, sollte über ausreichende Mittel verfügen, um auch schwierige Phasen überstehen zu können. Als Faustregel gilt: Der Selbstständige sollte über Rücklagen verfügen, um mindestens sechs Monate ohne Einnahmen (Verkaufserlöse, Honorare et cetera) wirtschaftlich überleben zu können. Diese sechs Monate gelten als Minimum, besser sind neun oder sogar zwölf Monate. Doch selbst mit einem solchen Sicherheitspuffer kann es bei einer längeren Krise finanziell eng werden und sich die Frage einer möglichen Insolvenz stellen. Handelt es sich um eine Kapitalgesellschaft (GmbH, KGaA oder AG), muss der Geschäftsführer beziehungsweise der Vorstand spätestens drei Wochen nach Eintreten des Insolvenzgrundes einen Insolvenzantrag stellen. Ansonsten macht er sich strafbar und haftet persönlich für den dadurch entstandenen Schaden.

Ist das Unternehmen noch nicht zahlungsunfähig, sondern droht zum Beispiel nur die Zahlungsunfähigkeit, dann ist auch ein

Schutzschirmverfahren nach § 270d Insolvenzordnung (InsO) möglich. Dort heißt es unter anderem:

> *»Hat der Schuldner mit dem Antrag eine mit Gründen versehene Bescheinigung eines in Insolvenzsachen erfahrenen Steuerberaters, Wirtschaftsprüfers oder Rechtsanwalts oder einer Person mit vergleichbarer Qualifikation vorgelegt, aus der sich ergibt, dass drohende Zahlungsunfähigkeit oder Überschuldung, aber keine Zahlungsunfähigkeit vorliegt und die angestrebte Sanierung nicht offensichtlich aussichtslos ist, so bestimmt das Insolvenzgericht auf Antrag des Schuldners eine Frist zur Vorlage eines Insolvenzplans. Die Frist darf höchstens drei Monate betragen«.*

Der Antrag auf Anordnung des Schutzschirmverfahrens ist aufwändig und gleicht einem Businessplan für Start-up-Unternehmen. Aber ein solches Verfahren lohnt sich aus Sicht des Unternehmens. Es geht im Schutzschildverfahren nämlich primär darum, das Unternehmen zu erhalten und nicht zu liquidieren. Darüber hinaus wird kein Insolvenzverwalter bestellt, sondern lediglich ein Sachverwalter. Dessen Aufgaben gleichen denen eines Aufsichtsrats. Er beaufsichtigt den Sanierungsprozess, darf sich aber nicht in das operative Geschäft des Unternehmens einmischen.

Kommt ein solches Schutzschirmverfahren nicht infrage, zum Beispiel weil bereits eine Zahlungsunfähigkeit vorliegt, dann bleibt nur die Regelinsolvenz. Ein Privat- oder Verbraucherinsolvenzverfahren gibt es für Selbstständige mit Gewerbeanmeldung und Freiberufler nicht. Sollten Sie ein Privatinsolvenzverfahren vorziehen, müssen Sie also zunächst Ihr Gewerbe abmelden. Die Frage, ob für einen (ehemaligen) Selbstständigen oder Freiberufler nun das Regel- oder Privatinsolvenzverfahren günstiger erscheint, lässt sich pauschal kaum beantworten. Die Regelinsolvenz ist meist teurer und aufwändiger, dafür muss man aber – sollte man das Privatinsolvenzrecht vorziehen – zunächst seine selbstständige Tätigkeit aufgeben. Und selbst dann ist nicht sicher, ob eine Privatinsolvenz möglich ist. Denn es gilt: Diese Ausnahme kann nur in Anspruch genommen werden, wenn es weniger als 20 Gläubiger gibt. Bei einer Privatinsolvenz wird zunächst ein außergerichtlicher Einigungsversuch zwischen Schuldnern und Gläubigern unternommen.

Am Ende des Privatinsolvenzverfahrens steht die Restschuldbefreiung. Mit der am 1. Oktober 2020 in Kraft getretenen Reform der Verbraucherinsolvenz wurde – wie schon erwähnt – das Restschuldbefreiungsverfahren von sechs Jahren auf drei Jahre verkürzt. Auch am Ende des Regelinsolvenzverfahrens kündigt das zuständige Gericht durch Beschluss die beantragte Restschuldbefreiung an, sofern während des Schlusstermins kein Gläubiger Versagungsgründe glaubhaft machen kann.

Sechs Praxistipps für Selbstständige, wenn die Pleite droht

1. Eröffnen Sie möglichst frühzeitig ein Guthabenkonto bei einer anderen Bank (also nicht bei Ihrer Hausbank). Dieses Geschäftskonto führen Sie auf Guthabenbasis. Denn sobald Ihre Hausbank von Ihrem Insolvenzantrag erfährt, müssen Sie damit rechnen, dass Ihnen alle Geschäftskonten mit Sollsaldo (also Konten, die im Minus sind) gesperrt werden. Mit Ihrem Guthabenkonto bleiben Sie zumindest noch im gewissen Umfang zahlungsfähig.
2. Mancher versucht, bei drohender Insolvenz Geld an Familienangehörige oder enge Freunde zu übertragen. Erfolgt hierfür keine

nachweisbare Gegenleistung, kann der Insolvenzverwalter diese Transaktionen anfechten (sogenannte Schenkungsanfechtung).

3. Bringen Sie auch keine Vermögenswerte beiseite, denn dies kann ebenfalls unangenehme rechtliche Folgen für Sie haben.
4. Vorsicht Steuerfalle: Schulden Sie auch dem Finanzamt Geld, kann Ihr Partner oder Ihre Partnerin von der Einkommensteuerschuld betroffen sein. Sollte der Partner oder die Partnerin nicht an Ihrem Unternehmen wirtschaftlich beteiligt sein, beantragen Sie rechtzeitig die Getrenntveranlagung.
5. Auch wenn es zusätzliche Kosten verursacht: Lassen Sie sich schon im Vorfeld einer Insolvenz fachanwaltlich beraten, um Fallstricke zu umgehen.
6. Sollte Sie das Gericht auffordern, eine Vermögensauskunft abzugeben (Eidesstattliche Versicherung, früher Offenbarungseid genannt) kommen Sie dem unbedingt nach. Ansonsten können Sie sogar in Haft genommen werden.

KAPITEL 8
RISIKO ALTERSARMUT

Natürlich gibt es auch das – die »eingebildete Altersarmut«. Ein Finanzberater erzählte mir von einer 75-jährigen Seniorin, die in einer entschuldeten und sanierten Immobilie in bester Citylage lebt, eine relativ hohe eigene Rente sowie eine Witwenrente bezieht und über ein liquides Vermögen von mehr als 300.000 Euro verfügt. Dennoch fürchtet sie sich vor Altersarmut. Verunsichert von der Vielzahl von Hiobsbotschaften in den Medien und in den politischen Debatten sorgt sich die alte Dame, sie könnte ihr gesamtes Vermögen verlieren und am Ende als arme Rentnerin dastehen. Natürlich sind vor dem Hintergrund dieser Einkommens- und Vermögenssituation solche Ängste irrational, sie zeigen aber, wie tief das Thema Altersarmut inzwischen bei den Menschen emotional verankert ist.

Und das ist gut nachvollziehbar, denn die Zahlen in Deutschland sprechen für sich: Jeder siebte Renter bezog im Jahr 2021 mit 45 Versicherungsjahren eine gesetzliche Rente von weniger als 1.000 Euro. Die Armutsgrenze liegt bei rund 950 Euro. Wohlgemerkt: Diese Rente erhält der Betreffende nur, wenn er tatsächlich 45 Jahre gearbeitet hat, ansonsten fallen die gesetzlichen Altersbezüge noch bescheidener aus. So mancher, der Jahr für Jahr seine Renteninformation erhält, sieht nur den Endbetrag, also die Rente, die er bekommt, wenn er zum Beispiel bis zu seinem 67. Lebensjahr arbeitet. Geht er früher in den Ruhestand, erhält er eine geringere Rente. Grundsätzlich gilt nämlich: Für jeden Monat, den man früher in Rente geht, gilt ein Abschlag von 0,3 Prozent – und zwar bis zum Ende der Rentenbezüge; sprich: ein Leben lang.

Aktuell gilt ein reguläres Renteneintrittsalter von 67 Jahren. Es betrifft alle Rentenversicherte, die ab 1964 geboren sind. Für alle Versicherten, die vor 1965 geboren sind, wird die reguläre Altersgrenze stufenweise von 65 auf 67 Jahre angehoben. Dies geschieht in folgenden Schritten.

Reguläre Altersgrenzen und das entsprechende reguläre Renteneintrittsalter:

- 1953 – 65 Jahre und 7 Monate
- 1954 – 65 Jahre und 8 Monate
- 1955 – 65 Jahre und 9 Monate
- 1956 – 65 Jahre und 10 Monate
- 1957 – 65 Jahre und 11 Monate
- 1958 – 66 Jahre
- 1959 – 66 Jahre und 2 Monate
- 1960 – 66 Jahre und 4 Monate
- 1961 – 66 Jahre und 6 Monate
- 1962 – 66 Jahre und 8 Monate
- 1963 – 66 Jahre und 10 Monate
- 1964 – 67 Jahre

Aber es gibt wie gesagt Ausnahmen. Ein Beispiel: Max L., Geburtsjahr 1958, beschließt, mit Vollendung seines 65. Lebensjahrs in Rente zu gehen. Um die reguläre, also abschlagsfreie Rente zu bekommen, müsste er eigentlich ein Jahr länger arbeiten. Er entschließt sich aber, »arbeitsfreie Lebenszeit« zu erkaufen und akzeptiert einen Abschlag von 3,6 Prozent (0,3 Prozent x 12 Monate). Im konkreten Fall entspricht dies knapp 100 Euro pro Monat. Da Max L. fleißig gespart und auch privat vorgesorgt hat, kann er sich diese Einbuße locker leisten. Wer nicht ausreichend vorgesorgt hat, muss hingegen oft buchstäblich mit jedem Euro rechnen und wird – sofern es seine Gesundheit zulässt – eben noch ein Jahr länger arbeiten.

ALTERSRENTE FÜR BESONDERS LANGJÄHRIG VERSICHERTE

Neben der regulären Altersrente können Sie eventuell auch die im Januar 2012 eingeführte Altersrente für besonders langjährig Versicherte in Anspruch nehmen, und zwar ohne die oben beschriebenen Abschläge. Diese Altersrente ist in § 38 des Sechsten Buches des Sozialgesetzbuches geregelt. Darin heißt es wörtlich:

> *»Versicherte haben Anspruch auf Altersrente für besonders langjährig Versicherte, wenn sie*
> *1. das 65. Lebensjahr vollendet und*
> *2. die Wartezeit von 45 Jahren erfüllen haben.«*

Trifft dies auf Sie zu, können Sie – je nach Geburtsjahr – ohne Abschläge ein beziehungsweise zwei Jahre früher in den Ruhestand wechseln und dennoch eine abschlagsfreie Rente beziehen. Nun sind 45 Jahre sicher ein ziemlich langer Zeitraum, und längst nicht alle erfüllen somit diese Voraussetzung. Es stellt sich also die Frage, welche Jahre in diesem Zusammenhang angerechnet werden. Um die Altersrente für besonders langjährig Versicherte zu beziehen, müssen Sie 45 Jahre Beiträge in die Rentenkasse gezahlt haben oder andere Rentenzeiten auf Ihrem Rentenkonto vorweisen können, zum Beispiel Zeiten der Kindererziehung. Sollten Sie arbeitslos gewesen sein und Arbeitslosengeld erhalten haben, wird diese Zeit ebenfalls angerechnet. Das gilt indessen nicht für Zeiten, in denen man Arbeitslosengeld II (umgangssprachlich Hartz IV, seit 1. Januar 2023: Bürgergeld) bezieht. Als Faustregel gilt: Wer möglichst früh – etwa mit 16 oder 17 Jahren – eine Lehre begonnen und anschließend 45 Jahre durchgearbeitet hat, erfüllt in den meisten Fällen die Voraussetzung für den Bezug einer Altersrente für besonders langjährig Versicherte. Wer hingegen erst spät ins Arbeitsleben eingetreten ist, dürfte sich mit der Wartezeit von 45 Jahren schwertun.

WAS IHRE RENTE SCHMÄLERT

Wie schön es doch wäre, könnten Sie Ihre gesetzliche Rente brutto für netto vereinnahmen. Doch wie in Ihrem Erwerbsleben müssen Sie auch als Rentner mit Abzügen rechnen. Zum einen zahlen Sie in die Krankenversicherung der Rentner (KVdR) ein. Der allgemeine Beitragssatz zur gesetzlichen Krankenversicherung beträgt 14,6 Prozent der Altersbezüge (Stand 2022). Der Rentenversicherungsträger übernimmt die Hälfte der Beiträge. Sie können bei Ihrer bisherigen Krankenkasse bleiben oder aber zum Beispiel zu einer leistungsstärkeren Kasse wechseln.

Bei freiwillig versicherten Rentnern kann diese Belastung richtig teuer werden, denn diese zahlen die Krankenversicherungsbeiträge nicht nur für ihre gesetzliche und gegebenenfalls für ihre betriebliche Rente, sondern auf alle Einkünfte, die Sie im Ruhestand erzielen, also zum Beispiel auch Kapitalerträge oder Mieteinnahmen.

Es gibt folgende Möglichkeiten der Krankenversicherung im Alter:

- die Pflichtversicherung in der gesetzlichen Krankenversicherung (der Regelfall),
- die freiwillige Mitgliedschaft in der gesetzlichen Krankenversicherung,
- die Familienversicherung in der gesetzlichen Krankenversicherung oder
- die private Krankenversicherung bei einem privaten Versicherungsunternehmen.

Nehmen wir nun an, Sie sind privat krankenversichert (Private Krankenversicherung, kurz PKV). Der vereinbarte Versicherungsschutz bleibt mit Eintritt in den Ruhestand im bisherigen Umfang erhalten. Lediglich eine Krankentagegeldversicherung endet ab Bezug einer Altersrente. Das bekannte Problem: Je älter der Versicherte ist, desto teurer wird seine Krankenversicherung. Manche Ruheständler können die stetig steigenden Prämien kaum noch aufbringen, sie müssen einen Großteil ihrer Rente an den Versicherer überweisen. Manche würden wohl in existenzielle Schwierigkeiten geraten, würde zum Beispiel nicht noch das Einkommen des Ehepartners oder der Ehepartnerin in das gemeinsame Haushaltsbudget fließen. Zu einem präventiven Krisenmanagement zur Vermeidung von Altersarmut gehört für PKV-Mitglieder daher unbedingt, sich mit diesem Thema zu beschäftigen.

Hier die wichtigsten Tipps privat Krankenversicherte:

1. Es ist grundsätzlich schwierig, von der PKV wieder zurück in die GKV zu wechseln, mit Vollendung des 55. Lebensjahrs gibt es kaum noch Chancen zum Wechsel. Es sei denn, es besteht die

Möglichkeit, über den Ehepartner in die Familienversicherung zu kommen. Überlegen Sie also rechtzeitig (spätestens bis zum 55. Lebensjahr, ob Sie wieder in die GKV wechseln möchten oder nicht. Im nächsten Infokasten verrate ich Ihnen, wie Sie dabei am geschicktesten vorgehen.

2. Auch für Ihre private Krankenversicherung erhalten Sie auf Antrag einen Beitragszuschuss Ihres Rentenversicherungsträgers. Dieser wird so berechnet, als bestünde eine Mitgliedschaft in einer gesetzlichen Krankenversicherung (GKV).
3. Als PKV-Versicherter haben Sie die Möglichkeit, als Teil Ihrer Altersversorgung frühzeitig einen Basisentlastungstarif zu wählen. Sie zahlen also einen zusätzlichen (Spar-)Beitrag an Ihren Versicherer, um ab dem vereinbarten Alter geringere PKV-Beiträge entrichten zu müssen. Verbraucherschützer sehen das eher skeptisch und kritisieren die Intransparenz solcher Versicherungslösungen. Nicht zu verwechseln ist dies mit dem sogenannten Basistarif. Salopp ausgedrückt, handelt es sich hierbei um eine »abgespeckte« Versicherungslösung. Sprich: Weniger Leistung, dafür Beiträge, die in etwa denen der GKV entsprechen. Eine private Krankenversicherung darf Ihren Kunden den Basistarif nicht verwehren, auch eine Gesundheitsprüfung ist hierfür nicht erforderlich.
4. Wer eine unabhängige Beratung wünscht, sollte schon rechtzeitig vor dem Eintritt in den Ruhestand einen Honorarberater (PKV-Berater) konsultieren und zusammen mit ihm die individuell passende Lösung suchen. Ihre Krankenversicherung wird Sie natürlich auch beraten, doch verfolgen diese Unternehmen eigene Interessen.

WAS PASSIERT, WENN SIE IHRE PKV-BEITRÄGE NICHT MEHR ZAHLEN KÖNNEN?

Niemand denkt gern an den Worst Case, aber ein professionelles Krisenmanagement muss immer auch den ungünstigsten Fall durchspielen. Angenommen, ein privat Krankenversicherter gerät – aus welchen Gründen auch immer – in wirtschaftliche Schwierigkeiten und kann seine Prämien nicht mehr zahlen. In der Regel wird er spätestens nach zwei geschuldeten Monatsbeiträgen gemahnt, außerdem berechnet der Versicherer Säumniszuschläge. Nach der zweiten Mahnung wird der Schuldner dann in den sogenannten Notlagentarif eingestuft. In diesem Fall erstattet die Versicherung nur noch die Kosten für die Behandlung von akuten Erkrankungen und Schmerzzuständen sowie bei Schwangerschaft und Mutterschaft. Besonders perfide ist, dass manche Versicherer zwar für die erwähnte Behandlung von Schmerzzuständen, akuten Erkrankungen und so weiter leisten, die Erstattungsbeiträge aber mit bestehenden Beitragsrückständen verrechnen (Aufrechnung). Verbraucherschützer empfehlen, sich in diesem Fall beim Verband der Privaten Krankenversicherer zu beschweren.

Tipps zum Wechsel von der PKV zu GKV (bis zum 55. Lebensjahr)

- Sollte Ihr jährliches Bruttoeinkommen über der Jahresarbeitsentgeltgrenze von 64.350 Euro liegen (Stand: 2022), dann suchen Sie gemeinsam mit Ihrem Chef nach Möglichkeiten, Ihr Gehalt unter diese

Grenze zu reduzieren (zum Beispiel Teilzeitarbeit, Arbeitszeitkonto, Entgeltumwandlung zugunsten einer Betrieblichen Altersversorgung). Sobald diese Einkommensgrenze unterschritten wird, sind Sie wieder versicherungspflichtig. Sie werden also Mitglied einer Krankenkasse Ihrer Wahl. Wer allerdings schon vor 2002 privat krankenversichert war, für den gilt eine Grenze von 58.050 Euro. Dies ist eine besonders elegante Lösung, weil Sie später durchaus wieder mehr Geld verdienen dürfen, ohne in die PKV zurückkehren zu müssen.

- Wenn Sie selbstständig arbeiten, fragen Sie einfach einen guten Kunden, ob er Sie vorübergehend anstellt. Auch hierbei ist die erwähnte Entgeltgrenze von 64.350 Euro zu beachten. Die selbstständige Tätigkeit kann parallel weitergeführt werden, allerdings muss der Löwenanteil der Einnahmen aus der nichtselbstständigen Tätigkeit kommen. Vorsicht: Krankenkassen prüfen, ob es sich vielleicht um eine Schein-Anstellung handelt.
- Selbstständige können zudem ihr Geschäft aufgeben und in die Familienversicherung ihres Ehepartners aufgenommen werden.
- Angestellte, die arbeitslos werden, können sich wieder gesetzlich versichern lassen – auch wenn die Arbeitslosigkeit nur von kurzer Dauer ist. Das gilt jedoch nicht für Menschen, die über 55 Jahre oder älter und von der Versicherungspflicht ausgenommen sind.
- Selbstständigen über 55 Jahren bleibt schließlich noch die Möglichkeit, unter das Dach einer Familienversicherung zu schlüpfen und somit wieder GKV-Mitglied zu sein. Hierfür gelten aber strenge Auflagen, die im § 10 des Fünften Sozialgesetzbuches geregelt sind. Darin heißt es wörtlich:

  »(1) Versichert sind der Ehegatte, der Lebenspartner und die Kinder von Mitgliedern sowie die Kinder von familienversicherten Kindern, wenn diese Familienangehörigen

1. ihren Wohnsitz oder gewöhnlichen Aufenthalt im Inland haben,
2. nicht nach § 5 Abs. 1 Nr. 1, 2, 2a, 3 bis 8, 11 bis 12 oder nicht freiwillig versichert sind,
3. nicht versicherungsfrei oder nicht von der Versicherungspflicht befreit sind; dabei bleibt die Versicherungsfreiheit nach § 7 außer Betracht,
4. nicht hauptberuflich selbständig erwerbstätig sind und
5. kein Gesamteinkommen haben, das regelmäßig im Monat ein Siebtel der monatlichen Bezugsgröße nach § 18 des Vierten Buches überschreitet; bei Abfindungen, Entschädigungen oder ähnlichen Leistungen (Entlassungsentschädigungen), die wegen der Beendigung eines Arbeitsverhältnisses in Form nicht monatlich wiederkehrender Leistungen gezahlt werden, wird das zuletzt erzielte monatliche Arbeitsentgelt für die der Auszahlung der Entlassungsentschädigung folgenden Monate bis zu dem Monat berücksichtigt, in dem im Fall der Fortzahlung des Arbeitsentgelts die Höhe der gezahlten Entlassungsentschädigung erreicht worden wäre; bei Renten wird der Zahlbetrag ohne den auf Entgeltpunkte für Kindererziehungszeiten entfallenden Teil berücksichtigt. (...)«

AUCH DER FISKUS HÄLT DIE HAND AUF

Immer mehr Rentnerinnen und Rentner in Deutschland werden auch vom Fiskus zur Kasse gebeten. Im Klartext: Ihre Renteneinkommen sind zu einem großen Teil einkommensteuerpflichtig. Nach Angaben des Statistischen Bundesamtes mussten schon im Jahr 2020 knapp zwei Drittel aller Renteneinnahmen versteuert werden. Im Vergleich zu 2015 ist dieser Anteil um rund 8 Prozentpunkte gestiegen (von 55,3 Prozent im Jahr 2015 auf 63,8 Prozent 2020).[63] Inzwischen dürfte die Zahl der Ruheständler, die einkommen- und gegebenenfalls kirchensteuerpflichtig sind, weiter gestiegen sein. Denn so sehr sich die Senioren über eine kräftige Rentenerhöhung wie im Jahr 2022 auch freuen, viele von ihnen, die mit ihren Altersbezügen bis dahin knapp unter der steuerpflichtigen Grenze lagen, erreichen dann nämlich ein Einkommen, von dem sie einen Teil an das Finanzamt abführen müssen. Entweder als Nachzahlung oder – bei höherer Steuerbelastung – als quartalsweise Vorauszahlung.

Wie hoch die steuerpflichtige Belastung ausfällt, hängt vom Jahr des Renteneintritts ab. Wer zum Beispiel im Jahr 2015 in Rente ging, muss 70 Prozent seiner Alterseinkünfte versteuern, entsprechend bleiben gerade einmal 30 Prozent steuerfrei. Im Jahr 2022 machte der steuerpflichtige Anteil bereits 88 Prozent aus, das heißt, nur 22 Prozent bleiben steuerfrei.

Im Ergebnis führt dies dazu, dass mittlerweile selbst relativ kleine Renten schon versteuert werden müssen. Ein Beispiel: Eine Rentnerin, die im Januar 2020 in den Ruhestand trat und monatlich rund 1.500 Euro Rente erhält, muss jährlich etwa 480 Euro an den Fiskus abführen.

Auch für Renter gilt – abgesehen vom erwähnten steuerfreien Anteil an den Rentenbezügen – ein Grundfreibetrag, dessen Höhe regelmäßig angepasst wird. Er betrug im Jahr 2022 für Singles 10.347 Euro (bei Ehepaaren entsprechend der doppelte Wert). Hinzu kommen die Werbungskostenpauschale (102 Euro) und der Sonderausgaben-Pauschbetrag (36 Euro). Steuerlich geltend gemacht werden können außerdem zum Beispiel Beiträge zu Versicherungen (Haftplicht, Kfz-Haftpflicht, Kranken-und Pflegeversicherung und so weiter), Spenden und gegebenenfalls Außergewöhnliche Belastungen, etwa, wenn der Rentner teure Medikamente aus eigener Tasche zahlen muss.

Bis 2022 galt: Ab dem Renteneintrittsalter ab 2040 wird der steuerpflichtige Anteil der Rentenbezüge zu 100 Prozent steuerpflichtig sein; im politischen Raum gibt es jedoch die Absicht, erst ab 2060 die gesamte Rente steuerpflichtig zu stellen. Wenn Sie also schon in wenigen Jahren in den Ruhestand treten möchten, wäre es sicher sinnvoll, schon heute über die künftigen steuerlichen Belastungen zu sprechen. Denn die sogenannte Rentenlücke, auf die ich gleich detaillierter eingehen möchte, lässt sich realistischerweise nur berechnen, wenn Sie Ihre Netto-Rente, also nach Abzug von Steuern und Krankenkassenbeiträgen, zugrunde legen. Generell gilt: Man sollte die Steuerpflicht im Ruhestand nicht unterschätzen und – sofern man keine Vorauszahlungen an das Finanzamt leistet beziehungsweise leisten muss – entsprechende Rückstellungen bilden, damit im Jahr darauf kein steuerlicher Nachzahlungsschock droht.

RENTNER ALS INFLATIONVERLIERER

Die Folgen der Inflation habe ich bereits im ersten Kapitel des vorliegenden Buchs thematisiert. Hinzuzufügen wäre, dass die Geldwertvernichtung die Rentnerinnen und Rentner mit am heftigsten trifft. Unternehmer und Freiberufler können – zumindest in einem bestimmten Umfang – die inflationsbedingten Preiserhöhungen weitergeben. Und die Gewerkschaften werden für ihre Mitglieder und damit letztlich für beinahe alle Angestellten und Arbeiter entsprechende Tariferhöhungen fordern, um die Inflation auszugleichen. Rentner freilich haben keine Gewerkschaft – und sie können auch nicht streiken, sondern allenfalls den gerade in Berlin Regierenden bei den nächsten Wahlen die Stimme verweigern. Zwar orientiert sich die Höhe der Rentenanpassungen an der Lohnentwicklung im Vorjahr, deshalb gibt es mal mehr (wie 2022) und mal weniger (Nullrunde 2021). Im Juli 2022 erhielten die Ruheständler in den westlichen Bundesländern 5,35 Prozent mehr, in den östlichen Bundesländern 6,12 Prozent. Das klingt gut, allerdings lag die offizielle Inflationsrate im Juni 2022 bei 7,6 Prozent (die tatsächliche, mehr an den alltäglichen Konsumbedürfnissen der Menschen als an statistischen Erhebungen orientierte Teuerungsrate dürfte noch höher gewesen sein). Selbst die vergleichsweise kräftige Rentenerhöhung im Jahr 2022 reichte also bei Weitem nicht aus, um die Folgen der hohen Inflationsraten zu kompensieren, von den steigenden Energiekosten ganz zu schweigen.

Rentnerinnen und Rentner bleiben in weiten Bereichen eben von der Politik abhängig. Das zeigte sich im Jahr 2022, als die Ruheständler den im Zusammenhang mit den explodierenden Energiepreisen von der Regierung gezahlten Zuschuss in Höhe von 300 Euro nicht erhielten (erst später – in einem weiteren »Entlastungspaket« – wurden sie nicht zuletzt auf öffentlichen Druck hin mit einem Zuschuss bedacht), und das zeigt sich auch an der ständigen Diskussion über eine Verlängerung der Lebensarbeitszeit, was einen späteren Rentenbezug und damit de facto auch eine Rentenreduzierung bedeutet.

Wie sich die Inflation auf die Kaufkraft der Ruheständler auswirkt, zeigt das folgende Beispiel sehr anschaulich: Rentnerin Sabine erhält eine Rente von 2.500 Euro. Bei einer vergleichsweise moderaten Inflation von durchschnittlich 4 Prozent p. a. entsprechen ihre Altersbezüge nach fünf Jahren nur noch einer Kaufkraft von 2.055 Euro. Selbst wenn wir von einem Inflationsausgleich in Form von jährlichen Rentenerhöhungen von im Schnitt 2 Prozent ausgehen, beträgt die Kaufkraft nach fünf Jahren nur noch rund 2.260 Euro.

Liegt die Inflation zehn Jahre bei durchschnittlich circa 5 Prozent, verbleibt bei einem unterstellten Inflationsausgleich von 2 Prozent p. a. nur eine Kaufkraft von 1.860 Euro. Das heißt, selbst bei einer eher moderaten Inflation und regelmäßigen Rentenanpassungen müssen Sie davon ausgehen, dass Sie sich für Ihre Rente immer weniger leisten können, sofern Sie diesen Verlust nicht mit anderweitigen Einnahmen kompensieren können. Auch dies gilt es bei der Berechnung der Altersversorgung zu beachten.

WAS WOLLEN SIE SICH IM ALTER LEISTEN?

Die wenigsten Menschen denken mit 30 Jahren schon an die Rente. In diesem Alter hat man andere Prioritäten und Ziele. Man nimmt Anlauf auf seine Karriere und beschäftigt sich nicht mit dem Ruhestand, auch wenn dies sicher sinnvoll wäre, denn je früher man anfängt, für das Alter vorzusorgen, desto günstiger wird es. Doch wie gesagt: Wer am Beginn seiner beruflichen Laufbahn steht, will nicht schon über deren Ende nachdenken. Und ganz offen: Auch ich habe mich damals noch nicht mit dieser Thematik beschäftigt.

Wenn wir die drohende Altersarmut unter dem Aspekt des Krisenmanagements behandeln, dann stellen sich zwei Fragen:

1. Was kann man im Alter zwischen 40 und 50 Jahren unternehmen, um eine private Altersversorgung aufzubauen?
2. Welche Optionen bleiben, um wenige Jahre vor Beginn des Ruhestands die private Altersversorgung zu optimieren?

Doch bevor Sie Ihren zusätzlichen Vorsorgebedarf im Alter ermitteln und die drohende Rentenlücke weitgehend oder im Idealfall komplett schließen können, sollten Sie überlegen, was Sie sich im Alter leisten möchten. An den beiden Enden der gesellschaftlichen Bandbreite der Ruheständler befinden sich a) die Puristen und b) die Hedonisten. Die weitaus meisten Rentner sind sicher irgendwo zwischen diesen Extremen angesiedelt. Es gilt also festzustellen, ob sie im Ruhestand ein bescheidenes Leben führen möchten (puristisch) oder ob Sie auch als Rentner auf Luxus und Genuss nicht verzichten wollen (hedonistisch). Es ist sehr wahrscheinlich, dass Sie auch als Rentner Ihren bisherigen Lebensstil fortführen möchten. Denn wer will schon nach einem langen Erwerbsleben jeden Euro zweimal umdrehen, obwohl dies selbst in einem vergleichsweise reichen Land wie Deutschland viele Rentnerinnen und Rentner tun müssen?

Oft ist das Argument zu hören, die allgemeinen Lebenshaltungskosten gingen mit dem Eintritt in den Ruhestand zurück. Dabei handelt es sich allerdings in den meisten Fällen um fatale Fehleinschätzungen, wie die folgenden Beispiele zeigen:

1. *Wer nicht mehr erwerbstätig ist, muss weniger Geld für Kleidung ausgeben.* Das trifft aber allenfalls auf das Business-Outfit zu. Dafür geben Rentner oft mehr Geld für Freizeitkleidung aus. Denn salopp gefragt: Wer möchte als Ruheständler schon in alten Klamotten durch die Gegend laufen? Der Einspareffekt ist mithin gering.
2. *Als Rentner muss man nicht mehr täglich zur Arbeit fahren.* Angesichts tendenziell weiter steigender Benzinpreise scheint hier ein beachtliches Einsparpotenzial zu liegen. Stimmt, aber auch als Renter möchten Sie nicht den ganzen Tag in Ihrer Wohnung verbringen. Sie wollen mobil bleiben, reisen, Freunde besuchen. Obwohl es in manchen Fällen Vergünstigungen gibt (zum Beispiel

die BahnCard ab 60 Jahre) fallen Mobilitätskosten an. Insofern handelt es sich auch in dieser Hinsicht kaum um nennenswerte Einsparungen, sondern eher um eine Verlagerung der Kosten.

3. Wer eine selbstgenutzte Immobilie sein Eigen nennt und diese bis zum Eintritt in den Ruhestand entschuldet hat (was das Ziel jeder soliden Finanzierung sein sollte), wohnt zwar in der Tat mietfrei im Alter, doch Wohngeld (bei Eigentumswohnungen), Kosten für Energie, Müllentsorgung und Reparaturen fallen trotzdem an. Und vergessen Sie nicht: Ihre Immobilie altert mit Ihnen. Je älter Ihr Haus oder Ihre Wohnung ist, desto größer ist die Wahrscheinlichkeit, dass hohe Sanierungskosten anfallen. Der Sanierungsbedarf bei alten Immobilien wird meist unterschätzt (siehe Infobox: »Wenn die Immobilie in die Jahre kommt«).
4. Auch die Erwartung, dass die Lebenshaltungskosten im Alter eher sinken, ist ein Trugschluss. Gut, die Kinder sind längst aus dem Haus und verdienen ihr eigenes Geld. Vielleicht wohnen Sie in einer kleineren Wohnung, und ein teures Luxusauto muss es auch nicht mehr unbedingt sein. Aber Sie gehen sicher nicht weniger, sondern vielleicht sogar öfter ins Restaurant und leisten sich den einen oder anderen Urlaub mit Ihrem Partner oder Ihrer Partnerin. Wenn Sie weiterhin Ihr Hobby pflegen, werden Sie auch dafür Geld ausgeben. Sie sollten also in dieser Hinsicht das Einsparpotenzial nicht überschätzen, zumal Sie an anderer Stelle mehr Geld ausgeben, zum Beispiel für Zuzahlungen im medizinischen Bereich oder für Medikamente, von dem erheblichen Risiko, ein Pflegefall zu werden, ganz zu schweigen (auf dieses Thema gehe ich später noch ausführlicher ein).

Andererseits ändern sich mit zunehmendem Alter auch die Bedürfnisse. Ein Hochbetagter (dazu zählen in der Gerontologie

Menschen ab dem 85. Lebensjahr) hat in der Regel keine Lust mehr, mit einem schweren Koffer durch die Flughafenkorridore zu rennen und zu fernen Destinationen zu reisen. Und natürlich wird auch nicht jeder Hochbetagte zu einem Pflegefall. Nur: Niemand hat eine Kristallkugel und kann sehen, was sie oder ihn im Alter erwartet.

Wenn die Immobilie in die Jahre kommt

Auch eine schmucke Immobilie wird einmal alt. Logisch. Dann ist es mit einem neuen Anstrich nicht mehr getan, vielmehr bedarf es umfassender Modernisierungsmaßnahmen. Und dabei ist es nicht immer ins Belieben des Eigentümers gestellt, ob und wann er modernisiert. Im Energiesektor zum Beispiel macht der Gesetzgeber oft klare Vorgaben. Es ist daher unverzichtbar, rechtzeitig Rücklagen zu bilden. Doch schauen wir uns zunächst an, wo der teuerste Modernisierungsbedarf besteht.

Ein Dachschaden kann teuer werden

Nur unter einem einwandfreien Dach ist ein Haus wirklich »gut behütet«. Es schützt die Immobilie vor Regen, Schnee und Stürmen. In guter Qualität hilft es, Energie zu sparen oder gar Energie zu erzeugen – mithilfe eines Solardachs. Allerdings sind Dächer einem besonderen Verschleiß ausgesetzt. Das sollten Immobilieneigentümer – gerade wenn sie im Ruhestand sind und über weniger Geld verfügen – nicht auf die leichte Schulter nehmen, denn selbst kleinere Dachschäden können teuer werden.

Besonders sollte der Hausbesitzer auf die »Achillesfersen« des Daches achten. Dazu gehören Blechanschlüsse, Abdeckungen, Kamindurchtritte und die Dachpfannen. Sind undichte Stellen vorhanden, kann Wasser eindringen, was zur Fäulnisbildung am Dachstuhl führt. Auch Regenrinnen und Fallrohre sollten regelmäßig auf Dichtigkeit kontrolliert werden. Es empfiehlt sich, die Kontrolle der Dachhaut einem erfahrenen Dachdecker zu überlassen.

Dachrinnen und Fallrohre müssen in der Regel nach 20 bis 30 Jahren erneuert werden, eine neue Dacheindeckung wird normalerweise erst nach 40 bis 50 Jahren fällig. Dafür muss ein Hausbesitzer je nach Material und Kosten zwischen 120 und 300 Euro pro Quadratmeter rechnen (einschließlich Gerüst, Material und so weiter). Und die Preise steigen weiter.

Die Fassade als »Visitenkarte« des Hauses

Eine saubere und schadenfreie Hausfassade macht nicht nur einen guten Eindruck und steigert den Wert einer Immobilie, sie schützt zudem das Mauerwerk vor Feuchtigkeit und trägt zur Wärmedämmung bei. Umgekehrt gilt: Sanierungsbedürftige Fassaden erhöhen den Energieverbrauch und können erhebliche Schäden an der Bausubstanz verursachen.

Es zahlt sich mithin im wahrsten Sinne des Wortes aus, Gebäudefassaden regelmäßig auf Schadenstellen überprüfen und gegebenenfalls renovieren zu lassen. Experten empfehlen, den Außenanstrich etwa alle 15 Jahre zu erneuern. Blättert der Putz oder zeigen sich Risse, reicht ein kosmetischer Anstrich nicht mehr aus. In diesem Fall sollte der Putz erneuert werden. Bleibt es lediglich beim Außenanstrich, fallen Kosten von etwa 30 Euro pro Quadratmeter an (bei hochqualitativer Farbe auch mehr).

Wenn die Fenster zum »Wärmeleck« werden

Weitere wichtige Punkte, die Ihre Aufmerksamkeit verdienen, weil Sie Ihr Budget als Immobilien-Eigentümer erheblich belasten können, sind die Fenster, deren Modernisierung etwa 30 bis 40 Jahre nach Errichtung des Bauwerks ansteht. Hier kann der Immobilien-Eigentümer allerdings auch bares Geld sparen, denn immerhin fließen bis zu 37 Prozent der Wärme, die ein Haus verliert, durch die Fenster ab. Es gilt also, die im Laufe der Jahre entstehenden »Wärmelecks« gezielt abzudichten.

Und schließlich kann auch die Erneuerung der Wasserleitungen richtig ins Geld gehen. Hierfür muss man zwischen 30 und 70 Euro pro laufendem Meter rechnen.[64]

WIE HOCH IST DIE RENTENLÜCKE?

Die Rentenlücke hängt also davon ab, welche Ansprüche Sie im Alter haben. Gehen wir davon aus, dass Sie über kein hohes Vermögen verfügen (vermietete Immobilien, Unternehmensanteile, hohe Erbschaften), dann gilt im Allgemeinen die Formel: Zuletzt bezogenes Nettoeinkommen minus 20 Prozent ergibt eine im Schnitt hinlängliche Rente. Von diesem Betrag ziehen Sie nun Ihre gesetzliche Rente sowie gegebenenfalls Ihre private Rente und Betriebsrente ab. Das Ergebnis ist die Rentenlücke.

Praxisbeispiel:
Letztes Nettoeinkommen: 3.500 Euro minus 20 Prozent (also 700 Euro) ergibt 2.800 Euro (angestrebtes Einkommen im Alter).
Ihre Renteneinnahmen insgesamt: 2.200 Euro
Rentenlücke: 600 Euro pro Monat, jährlich mithin: 7.200 Euro

MÖGLICHE STRATEGIEN GEGEN DAS RISIKO ALTERSARMUT

Die betriebliche Altersversorgung

Wer im Ruhestand eine Betriebsrente bezieht und vielleicht noch privat fürs Alter vorgesorgt hat, ist in der Regel fein raus. Für ihn oder sie stellt sich das Risiko der Altersarmut meist gar nicht. Aber längst nicht jeder bezieht im Ruhestand eine Betriebsrente. Und wenn, dann kann auch diese die eine oder andere finanzielle Falle bergen, insbesondere bei Direktversicherung. Aber schauen wir uns zunächst an, welche Formen der Betrieblichen Altersversorgung es gibt.

- **Die Unterstützungskasse**: Die von dem Arbeitgeber – eventuell gemeinsam mit anderen Unternehmen – gegründete Unterstützungskasse ist eine rechtlich selbstständige Versorgungseinrichtung. Sie haben zwar keinen formalen Rechtsanspruch auf die zugesagten Leistungen, allerdings ist Ihr Arbeitgeber verpflichtet, für die versprochenen Leistungen einzustehen.
- **Direkt- oder Pensionszusage**: Der Arbeitgeber verpflichtet sich, seinen Mitarbeitenden eine Alters-, Invaliditäts- oder Hinterbliebenenrente zu zahlen. Hierzu bildet der Arbeitgeber Rückstellungen. Die Leistungen werden meist direkt von ihm erbracht.
- **Pensionskasse**: Bei Pensionskassen handelt es sich um rechtlich selbstständige Versorgungseinrichtungen, die ihren Mitgliedern – den versorgungsberechtigten Arbeitnehmern – einen Rechtsanspruch auf Leistung gewähren. Sie unterliegen der Versicherungsaufsicht.

- **Pensionsfonds**: Dabei handelt es sich um rechtlich selbstständige Einrichtungen, die gegen Zahlung von Beiträgen eine betriebliche Altersversorgung für ihre Arbeitgeber durchführen. Pensionsfonds können – im Unterschied zu Versicherungen und Pensionskassen – angesammeltes Versorgungskapital relativ frei auf dem Kapitalmarkt anlegen.
- **Direktversicherung**: Eine Direktversicherung ist eine Lebens- oder Rentenversicherung, die Ihr Arbeitgeber für Sie abschließt. Sie oder Ihre Angehörigen haben Anspruch auf die zugesagten Leistungen. Mit dieser Form der betrieblichen Altersversorgung wollen wir uns nachfolgend detaillierter beschäftigen.

Direktversicherung: Vor- und Nachteile

Für Beschäftigte in mittelständischen Betrieben bietet sich die Direktversicherung an. Diese lohnt sich für die Mitarbeiterinnen und Mitarbeiter allerdings nur dann, wenn der Arbeitgeber einen Zuschuss zahlt. Die gute Nachricht: Seit 2022 muss er das (15 Prozent des umgewandelten Entgelts), sogar für bereits laufende Verträge. Arbeitnehmer können bis zu 284 Euro ihres monatlichen Bruttoeinkommens (Stand 2021) monatlich steuer- und sozialabgabenfrei in eine Direktversicherung einzahlen. Beteiligt sich der Chef mit mindestens 20 Prozent, lohnt sich in der Regel diese Form der betrieblichen Altersversorgung. Generell gilt für jede Form der Altersversorgung: Für die Arbeitnehmerinnen und Arbeitnehmer sind sie meist nur dann interessant, wenn der Chef einen hohen Anteil zuschießt.

Die Beiträge einer Direktversicherung fließen entweder in eine Kapitallebens- oder eine Rentenversicherung. Nachteil: Die Renditen sind mehr als überschaubar. Meist ist deshalb eine fondsgebundene Lebensversicherung vorzuziehen. Dies ist eine Kombination aus Fondsanlage und Risikolebensversicherung. Sie profitieren bei einem solchen Produkt von den Performance-Chancen des Kapitalmarktes. Da ein Teil Ihres Einkommens in den Beitrag für Ihre Direktversicherung umgewandelt wird, verringert sich auch Ihre Steuerlast und die Sozialabgaben.

Übrigens ist Ihr in die Direktversicherung eingezahltes Geld auch bei einer Insolvenz Ihres Arbeitgebers sicher. Und auch bei einem Jobwechsel gibt es normalerweise keine Probleme.

Diesen Vorteilen stehen indessen eine Reihe von Nachteilen gegenüber. Hier die wichtigsten:

- Wenn Sie gesetzlich krankenversichert sind, müssen Sie bei der Auszahlung hohe Kranken- und Pflegeversicherungsbeiträge bezahlen (bis zu 20 Prozent des ausgezahlten Kapitals). Eine kleine Entlastung gibt es seit 2020 für Pflichtversicherte in der gesetzlichen Krankenversicherung. Seither fallen Krankenkassenbeiträge auf die Betriebsrente nur für Beträge an, die den Freibetrag für Versorgungsbezüge in Höhe von aktuell 164,50 Euro im Monat übersteigen.
- Ab dem Jahr 2040 müssen auch die Einkünfte aus Direktversicherungen voll versteuert werden.
- Sie gehen eine lange Bindung ein, denn die Auszahlung ist erst im Rentenalter möglich.
- Grundsätzlich kann ein Direktversicherungsvertrag nicht gekündigt werden. Wenn Sie in finanzielle Engpässe geraten, dürfen Sie allenfalls auf eine Beitragsfreistellung hoffen.

Fazit: Wenn Ihr Arbeitgeber Sie nicht von selbst auf eine Direktversicherung anspricht, greifen Sie das Thema auf. Sie haben ein

Recht auf eine solche betriebliche Altersversorgung – und Ihr Chef muss sich seit 2022 daran beteiligen. Besonders lohnt sich eine solche Versicherung übrigens für Mitglieder von privaten Krankenversicherungen (PKV). In diesem Fall müssen Sie im Alter keine Krankenkassenbeiträge auf die betriebliche Rente oder die Einmalauszahlung entrichten.

Die private Altersversorgung (teilweise staatlich gefördert)

Die Riester-Rente

Vermutlich erinnern Sie sich noch an die staatlichen und privatwirtschaftlichen Werbekampagnen in Zusammenhang mit der Riester-Rente, benannt nach dem ehemaligen Bundesarbeitsminister Walter Riester. Schon damals gab es viel Skepsis gegenüber diesem Produkt, und manche Banken nahmen die Riester-Rente erst gar nicht in ihr Produktportfolio auf. Heute spielt diese Form der Altersvorsorge kaum noch eine Rolle, denn sie ist für die meisten Versicherten kaum rentabel. Trotzdem kann sie sich noch für bestimmte Zielgruppen lohnen – dazu gleich mehr.

Beginnen wir mit den positiven Seiten der Riester-Rente: Sie wird staatlich gefördert und ist steuerlich absetzbar. Ihre Einzahlungen und staatlichen Zuschüsse bekommen Sie garantiert wieder ausbezahlt. Hinzu kommt eine Rendite, die allerdings von Produkt zu Produkt unterschiedlich ausfällt.

Allerdings – und damit wären wir bereits bei den negativen Aspekten – gelten Riester-Produkte als bürokratisch und intransparent. Darüber hinaus lohnt sich ein Riester-Vertrag nur, wenn Sie ihn bis zum Ende bedienen. Steigen Sie hingegen früher aus, müssen Sie Steuervorteile und staatliche Förderung zurückzahlen; auch die Abschlussgebühren haben Sie dann umsonst gezahlt. Insgesamt wäre das also meist ein dickes Minusgeschäft.

Generell lässt sich sagen: Für Geringverdiener, Alleinerziehende und Familien mit mehreren Kindern lohnen sich Riester-Produkte, vor allem wegen der Kinderzulagen. Für alle anderen aber gilt: Es gibt renditestärkere Formen der privaten Altersversorgung.

Die Rürup-Rente

Die Rürup-Rente (auch Basis-Rente) ist nach dem Ökonomen Bert Rürup benannt und lohnt sich unter bestimmten Voraussetzungen vor allem wegen der Steuervorteile während der Einzahlphase. Grundsätzlich kann jeder – also auch Angestellte oder Beamte – bei einer Versicherung einen Rürup-Vertrag abschließen. Doch besonders geeignet ist dieses Vorsorgeprodukt für gutverdienende Selbstständige oder Freiberufler – vor allem dann, wenn diese nicht gesetzlich rentenversichert sind. Das Prinzip ist relativ einfach: Der Kunde schließt mit einer Versicherung einen Rürup-Vertrag ab, nachdem er zuvor die Angebote verglichen hat (zum Beispiel auf www.check24.de). Die Beitragszahlungen des Kunden fließen in eine private Rentenversicherung, deren Renditen angesichts des aktuell niedrigen Zinsniveaus allerdings sehr bescheiden ausfallen.

Sollte der Zeitpunkt Ihres Renteneintritts noch viele Jahre entfernt liegen, empfiehlt es sich, einen Rürup-Vertrag abzuschließen, welcher die Einzahlungen des Kunden in eine Fondsgebundene Lebensversicherung oder in Indexfonds, also ETFs (Exchange traded funds) investiert. Grundsätzlich gilt: Je länger es dauert, bis Sie in den Ruhestand treten, desto sinnvoller ist ein Rürup-Vertrag auf der

Basis einer Fondsgebundenen Lebensversicherung, weil Sie in diesem Fall von den Renditechancen der Börse profitieren – und die sind längerfristig betrachtet sehr interessant.

Die staatliche Förderung der Rürup-Rente besteht in einem beachtlichen Steuervorteil. Im Jahr 2022 konnten Sie jährlich bis 25.639 Euro als Vorsorgeaufwendungen steuerlich geltend machen, allerdings werden davon nur 94 Prozent anerkannt. Dieser Prozentsatz steigt jedoch jährlich bis zum Jahr 2025 um jeweils 2 Prozent. Wer gut verdient (und einer entsprechend hohen Besteuerung unterliegt) kann seine Belastung also deutlich verringern. Doch bekanntlich schenkt uns der Staat nichts; auf die eine oder andere Weise holt er sich das Geld später wieder zurück. Wenn Sie in den Ruhestand gehen, erhalten Sie aus dem angesparten Vermögen Ihres Rürup-Vertrags eine regelmäßige private Rente ausgezahlt (eine Einmalzahlung ist ausgeschlossen). Und diese Rente müssen Sie dann versteuern (»Nachgelagerte Versteuerung« nennt das der Fiskus).

Das gilt auch für die sogenannte Sofortrente. Sie können im Rahmen der Rürup-Rente einmalig einen hohen Geldbetrag einzahlen und profitieren von dem erwähnten Steuervorteil. Wenn Sie später dann Ihre private Rente beziehen, muss diese allerdings versteuert werden. Trotzdem kann eine Rürup-Sofort-Rente interessant sein, wenn Sie aktuell noch ein hohes Einkommen beziehen (und womöglich dem Spitzensteuersatz unterliegen) und zum Beispiel in einem oder fünf Jahr(en) in den Ruhestand gehen.

Neben den Steuervorteilen weisen Rürup-Verträge allerdings auch eine Reihe von Nachteilen auf. So sollten Sie zum Beispiel nach den Abschlusskosten fragen, die dem Vermittler zugute kommen und angespartes Vermögen schmälern. Die Abschlusskosten können zwischen 2,4 und 4 Prozent Ihrer gezahlten Bruttoprämien ausmachen.

Darüber hinaus sind Rürup-Verträge nicht kündbar. Sollten Sie also in finanzielle Schwierigkeiten geraten und die regelmäßigen Prämien nicht mehr zahlen können, haben Sie nur die Möglichkeit, den Vertrag ruhend zu stellen. Dadurch verringert sich natürlich Ihre spätere private Rente. Ein Rürup-Vertrag ist mithin nur sinnvoll, wenn Sie nach Lage der Dinge davon ausgehen können, langfristig den Vertrag zu bedienen. Wie bereits erwähnt, können Sie sich zu Beginn Ihres Ruhestands den aufgelaufenen Betrag aus Ihrer Rürup-Rente auch nicht als Einmalbetrag auszahlen lassen. Möglich ist nur die private Rente. Und noch ein Nachteil: Grundsätzlich sind Ihre Angehörigen nicht abgesichert. Das heißt im Klartext: Sterben Sie schon früh, erhalten Ihre Hinterbliebenen kein Geld. Mittlerweile gibt es jedoch Tarife, die auch einen Hinterbliebenenschutz vorsehen. Falls Sie darauf Wert legen, sollten Sie unbedingt danach fragen.

Fazit: Die Rürup-Rente eignet sich vor allem für einkommensstarke Selbstständige und Freiberufler. Der Fokus liegt auf der Steuerersparnis.

Die Aktienrente: Vom Kapitalmarkt profitieren

Bekanntlich gibt es zwei Möglichkeiten, eine Rentenversicherung aufzubauen: entweder nach dem Umlageverfahren oder über das Kapitaldeckungsprinzip. Die gesetzliche Rente in Deutschland wird nach dem Umlageverfahren finanziert. Viele werden sich noch an das geradezu beschwörend vorgetragene Versprechen des früheren Bundesarbeitsministers Norbert Blüm aus dem Jahr 1986 erinnern: »Die Rente ist sicher«. Sicher?

Sicher ist zweierlei: Erstens gab es in den 1980er Jahren noch genug Beitragszahler, um die gesetzliche Rente zu finanzieren. Sicher ist auch, dass es die gesetzliche Rente noch immer gibt – und sogar in Jahrzehnten noch geben dürfte. Die Frage ist nur: in welcher Höhe? Die Umlagefinanzierung steht bekanntermaßen auf tönernen Füßen, da es immer mehr Rentner gibt, die eine wesentlich längere Lebenserwartung haben als die Menschen zu Zeiten, als Norbert Blüm in die Politik ging. Die Zahl der Beitragszahler hingegen sinkt beträchtlich. Es entsteht eine demografische Lücke. Das ganze System gleicht einer Kerze, die an zwei Enden brennt: immer mehr und immer länger lebende Senioren, immer weniger Beitragszahler.

Die Alternative zum Umlageverfahren ist das Kapitaldeckungsprinzip, das nicht nach dem Motto »Linke Tasche, rechte-Tasche« funktioniert, sondern den Aufbau eines Kapitalstocks zum Ziel hat. Einfach ausgedrückt: Der (Renten-)Versicherte zahlt regelmäßig Geld ein, diese Beiträge werden verzinst, und am Ende bekommt man sein eigenes, eingezahltes Geld samt Zinsen als Rente ausgezahlt. Es liegt auf der Hand, dass diese Art der Rente umso attraktiver ist, je höher die mit dem Geld erzielte Rendite ausfällt. Und dass die Höhe der Zinsen und mithin der Rendite in den vergangenen Jahren nicht gerade Begeisterungsstürme, sondern eher Verdruss auslösten, ist weithin bekannt. Höhere Renditechancen versprechen da schon Aktien und Aktienfonds, trotz der für die Kapitalmärkte so typischen Volatilität. Der deutsche Aktienindex Dax etwa verzeichnete seit 1990 eine durchschnittliche jährliche Performance von 6,6 Prozent – ungeachtet der diversen Finanzkrisen, der Terroranschläge vom 11. September, der Corona-Pandemie und des Ukraine-Kriegs. Was liegt da also näher, als einen Teil der Rentenversicherungsbeiträge in einen Aktienfonds zu investieren?

Und genau so funktioniert die Aktienrente: Ein Teil Ihrer Rentenversicherungsbeiträge soll nach den Vorstellungen der sogenannten Ampel-Koalition aus SPD, Grünen und FDP in einen staatlichen Fonds fließen, der wiederum in Aktien am Kapitalmarkt investiert. Wenn Sie später in Rente gehen, erhalten Sie den in den erwähnten Fonds umgeleiteten Teil der Versicherungsbeiträge sowie mögliche Gewinnausschüttungen als Aktienrente ausbezahlt. Der Staat will einmalig einen Zuschuss von 10 Milliarden Euro an die Deutsche Rentenversicherung überweisen, um quasi ein Fundament für die Aktienrente zu schaffen. Ein Tropfen auf den heißen Stein, sagen Experten, denn um am Kapitalmarkt Renditen zu erzielen, die für eine spätere Aktienrente ausreichen, müssten mindestens dreistellige Milliardenbeträge investiert sein. Bis die Aktienrente wirklich funktioniert, dürften noch viele Jahre ins Land ziehen – Jahre, in denen ein Kapitalstock mit dem Geld der Rentenversicherten aufgebaut wird. Außerdem stand bei Redaktionsschluss des vorliegenden Buches noch nicht fest, wann mit der Umsetzung der Aktienrente begonnen wird.

Die Aktienrente ist sozusagen ein Herzensanliegen der FDP. Allerdings handelt es sich hier keineswegs um eine Finanz-Innovation, denn in den Niederlanden, der Schweiz, Schweden, Norwegen und Großbritannien existieren seit Jahren ähnliche Systeme. In diesem Zusammenhang ist ein Blick nach Schweden interessant. Die dortigen Arbeitnehmenden zahlen 16 Prozent ihres Bruttoeinkommens in eine nach dem Umlageverfahren funktionierende Rentenversicherung. Weitere 2,5 Prozent ihres Bruttoeinkommens fließen in die sogenannte Prämienrente, was nichts anderes ist als eine Aktienrente. Das Geld der Prämienrente fließt, sofern der Versicherte keine anderweitige Entscheidung trifft, in den AP7 Safa-Fonds, einen staatlichen Pensionsfonds, der in den vergangenen zehn Jahren eine beachtliche jährliche Durchschnittsperformance von 14 Prozent erzielte.

Ist die Aktienrente, so sie denn irgendwann auch in Deutschland kommt, eine Möglichkeit, der drohenden Altersarmut zu entkommen? Ja und nein.

Ja, wenn Ihnen noch viele Jahre bis zur Rente bleiben. Denn bis die Altersrente wirklich funktioniert, dürften noch viele Jahre vergehen. Ein heute 30- oder 40-Jähriger kann davon profitieren. Ein 50- oder 55-Jähriger hingegen mit ziemlicher Sicherheit nicht mehr, weil es kaum gelingen dürfte, in 10 oder 15 Jahren einen ausreichenden Kapitalstock aufzubauen. Doch selbst jene, die später von der Aktienrente profitieren, brauchen mit einiger Sicherheit noch einen weiteren Baustein, um ein ausreichendes Einkommen nach dem Ende des aktiven Erwerbslebens zu beziehen (Betriebsrente, private Rente et cetera).

Nein, wenn Sie, wie gerade erwähnt, in 10 oder 15 Jahren in Rente gehen. In diesem Fall ist es besser, selbst schon jetzt aktiv zu werden und zum Beispiel einen ETF-Sparplan einzurichten. Bedenken sollte man auch, dass ein sehr langfristiger Börsencrash angesichts der Erfahrungen während der letzten Jahre zwar ziemlich unwahrscheinlich, aber auch nicht unmöglich ist. Sollten die Aktien also eine zu geringe Rendite erwirtschaften, würde der Rentenversicherung später viel Geld fehlen.

Gleich starten mit einem ETF-Sparplan

Wer nicht warten will, bis die Politik endlich »in die Pötte kommt«, der kann (und sollte) schon selbst aktiv werden, um eine aktienbasierte Rente aufzubauen. In besonderer Weise dafür geeignet sind ETF-Sparpläne, denn sie streuen die Risiken erheblich breiter als bei einem Investment in Einzeltitel und sind andererseits nicht so teuer wie ein klassischer Aktienfonds. Bei ETFs (Exchange traded Funds) handelt es sich um Indexfonds, die Aktienindices wie den Dax, den S&P 500 oder den Weltaktienindex MSCI World nachbilden. ETFs werden also nicht von einem Fondsmanagement aktiv gemanagt, dafür sind sie aber deutlich günstiger. Und das macht sie für den langfristigen Vermögensaufbau für den Ruhestand so attraktiv. Allerdings weisen ETF-Sparpläne als Altersversorgung auch Nachteile auf, die ich Ihnen ebenfalls nicht verschweigen möchte.

Zunächst zu den Vorteilen: Wenn Sie in Einzelaktien investieren, müssen Sie selbst für eine aus Ihrer Sicht optimale Streuung sorgen. Fünf unterschiedliche Aktien aus dem Dax zu kaufen, ist eben keine Streuung. Ihr Vermögen ist dann auf vergleichsweise wenige Dividendentitel aufgeteilt, außerdem setzen Sie ausschließlich auf deutsche Papiere. Um eine ausreichende Diversifizierung Ihres Deports zu erzielen, sollten Sie auf etwa 25 verschiedene Titel setzen. Doch damit ist es nicht getan; Sie müssen Ihr Depot auch selbst verwalten, also Gewinne mitnehmen, sich von »Loosern« trennen und ihr Portfolio gelegentlich umschichten. Außerdem sollten Sie nicht nur den europäischen, sondern zumindest auch den amerikanischen und asiatischen Raum ständig im Auge behalten, um chancenreiche Unternehmen zu identifizieren, deren Aktien ein hohes Gewinnpotenzial versprechen. Kurzum: Sie müssen nicht nur Geld, sondern auch viel Zeit investieren, um sich eine ganz private Aktienrente aufzubauen. Aktienfonds nehmen Ihnen diesen Zeitaufwand zwar zum großen Teil ab, dafür entstehen aber relativ hohe Nebenkosten. Und damit sind wir bereits bei einer Stärke von ETFs: Sie werden passiv gemanagt (im Gegensatz zu den aktiv gemanagten Fonds), das heißt, sie bilden die Wertentwicklung eines Aktienindex ab. Daher sind die Nebenkosten sehr viel günstiger als bei aktiv gemanagten Fonds. So entstehen bei aktiv gemanagten Fonds zum Beispiel jährliche Verwaltungsgebühren von 1,5 bis 2 Prozent; für ETFs zwischen 0,0 und 0,8 Prozent.

Wenn Sie also nicht länger auf die politischen Entscheidungen warten möchten, starten Sie schon jetzt Ihre private Aktienrente und verringern Sie dadurch das Risiko der Altersarmut ganz gezielt. Und so gehen Sie vor:

1. Sie eröffnen ein Online-Depot bei einem günstigen Finanzdienstleister, zum Beispiel Finanzen.net/Zero, de.scalable.capital, Traderepublic.com. Flatex, ING, Consorsbank oder Comdirect.
2. Sie richten einen Sparplan ein; das heißt, in regelmäßigen Abständen fließt ein bestimmter Betrag in ETFs. Schon ab 25 bis 50 Euro monatlich sind solche Sparpläne möglich.
3. Sie suchen aus, in welche ETFs Ihr Geld fließen soll; manche Broker bieten auch ETF-Finder an, die Ihnen bei der Auswahl behilflich sind. Achten Sie aber darauf, dass Sie nicht nur in einen Markt (zum Beispiel den Dax) investieren, Empfehlenswerter sind weltwelt ausgelegte Indexfonds, wie zum Beispiel der MSCI World oder der MSCI All Countries World.
4. Sie haben jederzeit die Möglichkeit, den Sparplan zu kündigen, zu pausieren oder aber Ihre monatliche Sparrate zu reduzieren oder zu erhöhen.
5. Es liegt auf der Hand: Je mehr Sie monatlich einzahlen und je länger es noch dauert, bis Sie in Rente gehen, desto höher wird Ihre private Zusatzrente ausfallen. Darüber hinaus gleichen Sie damit Schwankungen an der Börse aus. Da Sie immer den gleichen Betrag investieren (zum Beispiel 100 Euro pro Monat), erhalten Sie bei schwachen Börsenkursen mehr ETF-Anteile, bei starken Kursen weniger. Über einen längeren Zeitraum entsteht dadurch der sogenannte Cost-Average-Effekt (Durchschnittskosten-Effekt).

Somit stellt sich die Frage, bis wann Sie spätestens mit einem ETF-Sparplan als Altersvorsorge beginnen sollten. Die vielleicht etwas trivial klingende Antwort lautet: Es ist nie zu spät. Wer etwa mit 40 Jahren beginnt, dem bleiben zwischen 25 und knapp 30 Jahren Zeit, um ein privates Vermögen für das Alter aufzubauen. Aber auch mit 50 oder 55 Jahren kann ein solcher Schritt noch interessant sein, zumal, wenn man zu diesem Zeitpunkt über ein höheres Einkommen verfügt und eben höhere monatliche Raten zahlen kann.

Beruhigend zu wissen ist ferner, dass für ETFs strenge gesetzliche Vorgaben bestehen. Wie aktiv gemanagte Fonds werden sie getrennt vom Vermögen der Fondsgesellschaft verwahrt. Dadurch sind sie im Insolvenzfall vor dem Gläubigerzugriff geschützt.

Kommen wir nun noch zu den Nachteilen einer privaten Altersvorsorge mit ETFs. Wenn Sie regelmäßig in einen ETF-Sparplan einzahlen, erhalten Sie keine steuerlichen Vergünstigungen wie bei staatlich geförderten Rentenprodukten. Auch Zulagen gibt es nicht; ferner müssen Sie damit leben, dass EFTs Wertschwankungen unterliegen. Salopp ausgedrückt: Fällt der dem ETF zugrunde gelegte Aktienindex, dann fällt auch der ETF. Es besteht also das Risiko, dass sich Ihr angespartes Vermögen auch verkleinert. Das ist bei einer langen Laufzeit Ihres Sparplans zwar sehr unwahrscheinlich, doch 100-prozentig ausschließen kann man dies – wie alles an den Kapitalmärkten – natürlich nicht.

Wie Frauen nicht in die Altersarmutsfalle tappen

Jahrelang ging es den meisten Rentnerinnen und Rentnern vergleichsweise gut in Deutschland. Doch dies könnte sich in den nächsten Jahren signifikant ändern. Die drastisch gestiegenen Energiekosten machten ab 2022 deutlich, wie schnell sich das Blatt wenden kann. Der Anteil der armen Ruheständler dürfte bis zum

Jahr 2036 auf 21,6 Prozent steigen. Zu diesem Ergebnis kommt eine Studie des Deutschen Instituts für Wirtschaftsforschung (DWI) im Auftrag der Bertelsmann-Stiftung.[65]

Für viele Frauen ist Altersarmut allerdings schon heute Realität. Viele Frauen, die heute noch im Berufsleben stehen, sind geradezu entsetzt, wenn sie erfahren, dass die gesetzliche Rente für Frauen in Deutschland im Durchschnitt knapp 713 Euro ausmacht. Dieser Betrag liegt deutlich unter der vom Deutschen Paritätischen Wohlfahrtsverband definierten Armutsgrenze für Rentner, auch wenn die Durchschnittsrente für Frauen durch die Rentenerhöhung Mitte 2022 etwas gestiegen ist. Im Schnitt bekommen Frauen damit rund 26 Prozent weniger gesetzliche Rente als Männer.

Die Gründe liegen auf der Hand: Frauen nehmen sich weitaus häufiger Auszeiten für die Familie und Pflege von nahen Angehörigen. Erwerbsunterbrechungen wirken sich aber negativ auf die Rentenansprüche aus. Zudem arbeiten Frauen häufig in schlechter bezahlten Berufen und nach der Geburt der Kinder oft in Teilzeit. Häufig werden auch die Folgen einer eventuellen Scheidung auf die eigene Altersversorgung nicht bedacht.

Ein weiterer Aspekt, den wir mit 40 oder 50 Jahren noch gern verdrängen, kommt hinzu: Die Eltern, die im Augenblick vielleicht gerade ihren Ruhestand genießen und gesundheitlich – sieht man von dem einen oder anderen Wehwehchen einmal ab – noch ganz gut »in Schuss« sind, kommen allmählich in ein Alter, in dem sie pflegebedürftig sein können. Spätestens ab 80 Jahren wächst auch das Risiko einer Demenz-Erkrankung. Die Praxis in Deutschland zeigt: Die Eltern werden – so lange es eben noch geht – zu Hause von den Töchtern, mitunter auch von den Schwiegertöchtern betreut. Diese sind dann zwischen 50 und 65 Jahre alt, mithin in einer Lebensphase, in der sie noch berufstätig sein und ihr Rentenkonto aufstocken könnten. Gerade die Betreuung von demenzkranken Menschen ist für den Pflegenden eine unvorstellbare psychische und physische Belastung. Nicht von ungefähr heißt es: An einer Demenz erkranken mindestens zwei Menschen: der Betroffene und der Pflegende.

An dieser Stelle möchte ich schließlich ausdrücklich davor warnen, mit Blick auf eine ausreichende private Altersversorgung auf den sogenannten Versorgungsausgleich und die Witwenrente zu setzen. Grundsätzlich ist richtig, dass bei einer Scheidung die Versorgungsansprüche halbiert werden, die während der Ehezeit entstanden sind. Die Betonung liegt auf: »während der Ehezeit«. War der Ehemann zuvor mit einer anderen Frau verheiratet, hat auch diese Anspruch auf einen Teil seiner Rente.[66]

Auch von der großen Witwenrente sollten Sie sich nicht allzu viel versprechen. Stirbt Ihr Ehemann, stehen Ihnen 55 Prozent seiner Rente zu. Wenn wir unterstellen, dass ab dem Jahr 2030 die gesetzliche Rente gerade einmal 40 Prozent des früheren Arbeitseinkommens ausmacht und sie davon 45 Prozent abziehen (Witwenrente), dann wird sehr schnell der Apfel vom Baum der Erkenntnis fallen: Mit einer solchen Minirente kommt eine Frau im Alter nicht über die Runden.

Was also sollten Frauen tun, um einer späteren Altersarmut rechtzeitig vorzubeugen? Wir sprachen mit der Mainzer Finanzstrategin Nadine Kostka von Liebinsfeld. Sie gibt Frauen folgende zehn goldene Tipps mit auf dem Weg:

1. Es mag vielleicht etwas unromantisch erscheinen, aber dennoch sollte man wichtige Finanzfragen vor der Hochzeit in einem Ehevertrag regeln.
2. Idealerweise einigen sich die Ehepartner von Anfang an darauf, sich nach der Geburt der Kinder die Elternzeit zu teilen. In diesem Fall muss keiner längere Zeit aus seinem Job aussteigen.

3. Frauen sollten möglichst früh anfangen, eigene Rentenansprüche zu erwerben und nach Möglichkeit versuchen, längere Erwerbsunterbrechungen zu vermeiden.
4. Üben Sie keine falsche Bescheidenheit bei Gehaltsverhandlungen. Höhere Einkommen machen sich später bei der Rente bemerkbar.
5. Vorsicht ist bei der Wahl der Steuerklasse geboten (Steuerberater fragen). Vom sogenannten Ehegattensplitting profitiert das Ehepaar zwar in Form von Steuervorteilen (sofern ein deutliches Gefälle zwischen den Einkommen der Ehepartner besteht), im Fall einer Scheidung ist die Frau aber oft benachteiligt.
6. Wird ein Riester-Vertrag abgeschlossen, sollten die Kinder im Vertrag der Mutter stehen.
7. Wertpapierdepots und Immobilien sowie mögliche andere Vermögenswerte sollten auf beide Ehepartner lauten.
8. Frauen sollten Ihre Rentenansprüche ab und zu prüfen lassen, um abschätzen zu können, mit welchen Leistungen sie im Ruhestand rechnen können beziehungsweise wo eventuell noch eine zusätzliche private Altersversorgung notwendig erscheint.
9. Auch wenn die Ehe harmonisch verläuft, sollten Frauen gedanklich den »Worst Case« durchplanen. Wie würde sich ihre finanzielle Situation im Fall einer Scheidung darstellen?
10. Frauen sollten frühzeitig beginnen, eine private Altersversorgung aufzubauen. Ein Aktiensparplan kann schon mit einem vergleichsweise geringen monatlichen Betrag eingerichtet werden. Zu empfehlen sind entweder Fonds- oder ETF-Sparpläne.

Wie »Betongold« zur Rente werden kann

Längst nicht in jedem Fall erweisen sich die eigenen vier Wände als beste Altersversorgung, ganz gleich, was Ihnen Makler oder Bauträger erzählen. Wenn etwa die Rente nicht reicht oder die Immobilie teuer saniert werden muss, bieten sich mehrere Möglichkeiten, das Haus oder die Wohnung zu Geld zu machen, aber trotzdem weiterhin darin zu wohnen. Wer sich für eine solche Lösung interessiert, sollte jedoch auch die Nachteile kennen.

Für viele ist es eines der überzeugendsten Argumente für den Erwerb eines Eigenheims oder einer Eigentumswohnung: Immobilien, so heißt es, seien die beste Form der Altersversorgung. Ist das Objekt bis zum Renteneintritt entschuldet, zahlt der Ruheständler weder Mieter noch Zinsen oder Tilgung. Die Betriebskosten sowie die Grundsteuer sind in den meisten Fällen überschaubar. Das stimmt, ist aber leider nur die halbe Wahrheit. Denn wie auf den vorhergehenden Seiten erwähnt, fallen mit zunehmendem Alter erhebliche Sanierungs- und Modernisierungskosten an.

Nach einem Bericht der Finanz- und Verbraucherplattform biallo.de wohnen mittlerweile mehr als 60 Prozent der über 60-Jährigen in der eigenen Immobilie. Doch eine wachsende Zahl von Rentnern kommt mit ihren Altersbezügen nicht zurecht. In solchen Situationen erfahren die Betroffenen, wie wichtig die Fungibilität eines Sachwertes ist. Salopp ausgedrückt: Wie schnell kann der Sachwert wieder zu Geld gemacht werden? Wertpapiere lassen sich mit einem Mausklick verkaufen. Auch Gold und andere Edelmetalle können kurzfristig veräußert werden. Der Verkauf einer Immobilie zu einem angemessenen Preis hingegen dauert Wochen, wenn nicht Monate. Hinzu kommt, dass der Verkäufer dann aus seiner vertrauten

Umgebung ausziehen und sich in einer neuen Wohnung oder im Seniorenheim zurechtfinden muss.

Eine in vielen Fällen sinnvolle Alternative bilden die verschiedenen Formen der Immobilienrente. Der Eigentümer trennt sich von seinem Haus, erhält eine Einmalzahlung oder eine monatliche Rente – oft bis ans Lebensende – und darf trotzdem weiterhin in seinen eigenen vier Wänden wohnen. Doch so überzeugend diese Lösung klingen mag, sie weist auch Nachteile auf, die Sie kennen sollten.

In Deutschland noch verhältnismäßig unbekannt ist die sogenannte Umkehrhypothek. Sie wurde in den USA entwickelt und heißt dort »Reverse Mortgage«. Der Kunde erhält einen Kredit, der als Einmalbetrag oder in monatlichen Raten ausgezahlt wird. Die Immobilie dient dem Kreditgeber – in der Regel eine Bank – als Sicherheit. Das Objekt verbleibt jedoch im Eigentum des Verkäufers, Kredit- und Tilgungskosten werden bis zum Ende der Laufzeit gestundet. Nach dem Tod des Kreditnehmers oder seinem Umzug in ein Pflegeheim können die (späteren) Erben die Immobilie erwerben, oder aber die Bank verwertet das Objekt. Allerdings weist diese Umkehrhypothek eine Reihe von Nachteilen auf. So ist der ausgezahlte Kredit vergleichsweise gering, hinzu kommen Notar- und Gerichtsgebühren. Die Immobilie kann ferner nicht mehr als Sicherheit für einen anderen Kredit eingesetzt werden, außerdem muss der Kreditnehmer, der nach wie vor in seinem Haus wohnt, auch für dessen Instandhaltung aufkommen.

Weniger Nachteile weist der Verkauf der Immobilie auf Leibrentenbasis auf. Der Verkäufer trennt sich von seinem Objekt, darf darin aber bis an sein Lebensende wohnen bleiben und erhält so lange eine monatliche Leibrente. Wie hoch diese Zahlung ausfällt, hängt naturgemäß vom Verkehrswert der Immobilie und vom Alter des Verkäufers ab. Je länger die statistische Lebenserwartung des Verkäufers ist, desto geringer fällt die Leibrente aus. Um die Instandhaltung und Verwaltung der Immobilie kümmert sich fortan der Käufer. Der Verkäufer hat also mit keinen hohen Modernisierungs- oder Sanierungskosten zu rechnen. Allerdings greift der Fiskus zu: Für den sogenannten Ertragsanteil der Leibrente muss dessen Bezieher Steuern zahlen. Dieser Ertragsanteil ist wiederum abhängig vom Alter des Leibrentenbeziehers. Ein 65-Jähriger muss etwa 18 Prozent seiner Leibrente versteuern, ein 70-Jähriger nur noch 15 Prozent.

Relativ bekannt ist der Immobilienverkauf mit Nießbrauchrecht. Dabei veräußert der bisherige Eigentümer sein Objekt gegen eine sofortige Einmalzahlung. Der Verkäufer erhält ein lebenslanges Nießbrauchrecht. Der Verkäufer wird mithin Eigentümer, der Verkäufer bleibt aber Besitzer. Er kann seine Wohnung oder sein Haus sogar vermieten. Der Haken an dieser Lösung: Der Nießbrauchberechtigte muss weiterhin für den Erhalt und Unterhalt der Immobilie aufkommen. Da Reparaturen und Sanierungen der Werthaltigkeit des Objekts dienen, liegt in dieser Hinsicht der Vorteil beim Erwerber der Immobilie. Ein weiterer Nachteil: Das Nießbrauchrecht schmälert den Verkaufserlös oder die Rente um mindestens 20 Prozent.

Eine aus Sicht des Verkäufers günstigere Lösung stellt die Vereinbarung eines ebenfalls grundbuchlich gesicherten lebenslangen Wohnrechts dar. Wie beim Nießbrauch erhält der Verkäufer eine sofortige Einmalzahlung, er muss jedoch fortan nicht mehr für die Reparatur- und Instandhaltungskosten aufkommen. Allerdings darf er sein Haus oder seine Wohnung nur mit Zustimmung des Käufers vermieten.

Beim Teilverkauf eines Hauses wird ein Miteigentumsanteil gegen eine Einmalzahlung veräußert. Verkauft der Eigentümer zum Beispiel 30 Prozent seines Objekts, so verbleiben ihm noch 70 Prozent. Für den Verkauf erhält er eine sofortige Einmalzahlung. Der

Nachteil: Der Erwerber der Teilimmobilie verlangt eine Art Miete, »monatliches Nutzungsentgelt« genannt. Für die Instandhaltungskosten muss nach wie vor der Verkäufer der Teilimmobilie aufkommen. Bei einem späteren kompletten Verkauf des Objekts werden zusätzliche hohe Gebühren fällig.

Einige Banken vor allem in Süddeutschland bieten seit einiger Zeit Immobilienkredite an. Das Geldinstitut ermittelt hierfür den Wert des Objekts und zieht einen Sicherheitsabschlag von etwa 10 Prozent ab. Vom restlichen Betrag können sich – ähnlich wie bei einem Dispokredit – die Kreditnehmer bis zu 50 Prozent auszahlen lassen. Für die abgerufenen Beträge zahlt der Kunde Zinsen. Der Eigentümer profitiert in diesem Fall von künftigen Wertsteigerungen des Objekts, spart Notar- und Gerichtsgebühren und kann natürlich weiterhin in seiner Immobilie leben. Dafür muss er für Reparaturen und Instandhaltungsmaßnahmen aufkommen, da er weiterhin in vollem Umfang Eigentümer seines Hauses ist. Seine Immobilie dient der Bank lediglich als Sicherheit. Die Nachteile: Solche Immobilienrenten bieten zurzeit nur wenige Banken an, außerdem ist der Darlehenszins variabel.

Tatsächlich weisen alle Formen der Immobilienrente mehr oder minder schwerwiegende Nachteile auf. Die Umkehrhypothek oder der Verkauf mit Nießbrauchrecht erscheinen dabei am wenigsten empfehlenswert. Die Entscheidung hängt letztlich aber vom Wert der Immobilie, vom Alter des Eigentümers und von der Frage der geplanten Nutzung der Immobilie ab (selbst bewohnen oder vermieten?). In jedem Fall sollten Sie nicht vorschnell entscheiden, sondern das Thema ausführlich mit einem Steuerberater, Anwalt oder einem neutralen Finanzberater besprechen.

KAPITEL 9
RISIKO PFLEGEBEDÜRFTIGKEIT

Gestatten Sie, dass ich dieses Kapitel mit einem authentischen Fall aus dem engsten Verwandtenkreis beginne: Max L. ist seit mehr als 25 Jahren erfolgreich selbstständig. Dank eines treuen Kundenstamms hat er in der Vergangenheit auch so manche Flaute überstanden. Kurzum: Sein Geschäft floriert, dafür nimmt er allerdings auch eine 80-Stunden-Woche in Kauf und verzichtet seit mehreren Jahren auf Urlaub. Max L. ist Single, daher gibt es auch keinen Stress mit der Familie, wenn er wieder einmal am Wochenende durcharbeiten muss. Trotz seiner mittlerweile 64 Jahre ist Max L. gesundheitlich noch recht fit. An das Risiko der Pflegebedürftigkeit hat er ab und zu einmal gedacht, aber im hektischen Tagesgeschäft hat er den Gedanken schnell wieder verdrängt. Doch dann traf ihn unversehens ein Schicksalsschlag – zwar nicht selbst, wohl aber seine hochbetagte Mutter. Noch vor drei, vier Jahren war die alte Dame sehr fit, lebte in der eigenen Wohnung, unternahm noch die eine oder andere Reise, und sogar ihre Steuererklärung machte sie zunächst noch selbst – mit Anfang 80.

Irgendwann bemerkte Max L., dass seine Mutter immer vergesslicher wurde. Anfangs dachte er sich nichts dabei. Wer verlegt in diesem Alter nicht schon mal seinen Haustürschlüssel? Dann aber wurden die Symptome immer bedenklicher. Die alte Dame konnte sich nicht mehr verständlich ausdrücken (»Wortsalat«), aß kaum etwas und erkannte alte Freunde nicht mehr wieder. Gegenüber der Neurologin konnte sie sich zunächst noch gut verstellen, doch schließlich war die Diagnose eindeutig: Demenz! Max L. kümmerte sich fortan um seine Mutter, machte den Haushalt, ging einkaufen, fuhr sie zu Arztterminen. Seine Arbeit blieb liegen, neue Aufträge konnte er nicht mehr annehmen. Finanziell wurde es ziemlich eng. Da die kranke Dame weiter in ihrer Wohnung leben wollte, kümmerte sich Max L. zunächst um eine Pflegerin. Doch auch dies war letztlich nur eine Notlösung. Am Ende musste die Patientin in ein Pflegeheim. Max L. hat aus Zeitmangel seinen Beruf aufgegeben und ist jetzt Rentner. Doch einen glücklichen Eindruck macht er nicht. Die Jahre, in denen er einen demenzkranken Menschen gepflegt hat und dessen typische Launen und bisweilen aggressiven Ausfälle verständnisvoll ertragen musste, haben an ihm gezehrt. Und nicht nur das: Seit einiger Zeit hat er ein massives Alkoholproblem. Manchmal, wenn er es einfach nicht mehr ertragen konnte zu erleben, wie ein geliebter Mensch den Verstand verlor, griff er zur Flasche. Und dann immer öfter.

Warum erzähle ich Ihnen diese traurige Geschichte? Ich erzähle sie Ihnen, weil sie deutlich macht, dass die Pflegebedürftigkeit eines nahen Angehörigen (und das muss beileibe nicht immer Demenz sein) nicht nur wirtschaftliche, sondern gleichermaßen auch existenzielle, soziale und gesundheitliche Konsequenzen für den Betroffenen haben kann. Vor allem dann, wenn keine anderen Familienangehörigen mehr da sind, die einen Teil der Pflegearbeit übernehmen könnten. Es empfiehlt sich daher, rechtzeitig Kontakt mit entsprechenden Selbsthilfegruppen aufzunehmen, um möglichst nach einer zumindest temporären Entlastung der pflegenden Angehörigen zu suchen. Recht gute Informationen hierzu finden Sie zum Beispiel im Internet unter www.pflege.de.

Daneben bleibt die Pflegebedürftigkeit für die Betroffenen nicht zuletzt ein finanzielles Risiko. Die beispielsweise durch Demenz verursachten Pflegekosten liegen nach einer Untersuchung des Bundesministeriums für Bildung und Forschung bei leichter Demenz bei rund 15.000 Euro pro Jahr, im Fall von schwerer Demenz bei 42.000 Euro, im Einzelfall auch höher.[67]

Eigentlich ist es eine gute Nachricht, dass die Menschen in Deutschland immer älter werden. Viele erreichen ein hohes Alter bei relativ guter Gesundheit. Aber längst nicht alle. Tatsächlich ist die Zahl der Pflegebedürftigen in den vergangenen Jahren drastisch gestiegen. Nach Angaben des Statistischen Bundesamtes gab es im Dezember 1999 rund 2,02 Millionen Pflegebedürftige. Im Dezember 2019 waren es schon 4,13 Millionen Menschen. Ausschlaggebend hierfür ist allerdings nicht nur die steigende Lebenserwartung der Frauen und Männer in Deutschland, sondern auch die im Jahr 2017 erfolgte Einführung des neuen, weiter gefassten Pflegedürftigkeitsbegriffs[68] (siehe Abbildung 2).

Die meisten Pflegebedürftigen werden nach Angaben des Statistischen Bundesamtes zu Hause versorgt, und zwar überwiegend durch die Angehörigen:[69]

- 56 Prozent werden zu Hause versorgt, in der Regel von den Angehörigen;
- 24 Prozent werden ambulant versorgt (Betreuungsdienste usw.);
- 20 Prozent sind vollstationär in Heimen untergebracht.

Alter vs. Neuer Pflegebedürftigkeitsbegriff

	Alter Pflegebedürftigkeitsbegriff (gültig bis 31.12.2016)	**Neuer Pflegebedürftigkeitsbegriff (gültig ab 01.01.2017)**
Einordnung der Pflegebedürftigkeit	Pflegestufen »0«, 1, 2 und 3 sowie »eingeschränkte Alltagskompetenz« bei kognitiven Einschränkungen (z. B. Demenz)	Pflegegrad 1, 2, 3, 4 und 5
Begutachtungskriterien	**Körperlicher Unterstützungsbedarf in vier Bereichen:** 1. Körperpflege 2. Mobilität 3. Ernährung 4. Haushaltsführung	**Grad der Selbständigkeit in sechs Aktivitätsbereichen:** 1. Mobilität 2. kognitive und kommunikative Fähigkeiten 3. Verhaltensweisen und psychische Problemlagen 4. Selbstversorgung 5. Umgang mit krankheits- und therapiebedingten Anforderungen und Belastungen 6. Gestaltung des Alltaglebens und soziale Kontakte
Berücksichtigung kognitiver Einschränkung	Körperliche Beeinträchtigungen im Zentrum der Begutachtung, kognitive Einschränkungen nur teilweise berücksichtigt (»eingeschränkte Alltagskompetenz«)	Ganzheitliches Gutachten des Antragstellers: Entscheidend sind sowohl körperliche als auch psychische und geistige Beeinträchtigungen und der daraus resultierende noch vorhandene Grad der Selbstständigkeit
Grundlage für Errechnung des Pflegebedarfs	Zeitaufwand in Minuten für den täglichen Unterstützungsbedarf	Gesamtpunktzahl des Selbstständigkeit des Antragstellers gemäß definierter Bewertungsskala nach Begutachtung

Abbildung 2: *Pflege*
Quelle: pflege.de

WER BEZAHLT DIE PFLEGE?

Als unter der Ägide des damaligen Bundesarbeitsministers Norbert Blüm im Jahr 1995 die Pflegeversicherung eingeführt wurde, feierte die Politik dies als Schließung der letzten großen Lücke im Sozialstaat. Ohne Frage war dies ein Fortschritt, aber die neue Versicherung löste das Problem nur zum Teil. Vergleicht man sie mit einer Autoversicherung, so stellt die Pflegeversicherung eine Art »Teilkaskoversicherung« dar. Mit anderen Worten: Der Betreffende muss in der Regel einen nicht unbeträchtlichen Teil aus eigener Tasche zahlen. Im Pflegefall werden viele Kosten von der gesetzlichen Pflegeversicherung nicht gedeckt. Deshalb wird zunächst die Rente des Pflegebedürftigen herangezogen – und zwar bis zu einem monatlichen Taschengeld von 120,42 Euro. Verfügt der Betreffende über eine hohe Rente oder entsprechendes Vermögen, kann er im Idealfall für seine Pflegekosten selbst aufkommen.

Apropos Vermögen: Grundsätzlich gilt ein sogenanntes Schonvermögen von 5.000 Euro für den Pflegebedürftigen, das nicht zur Finanzierung der Pflege herangezogen werden darf. Auch der Ehepartner oder die Ehepartnerin des Pflegebedürftigen darf 5.000 Euro seiner beziehungsweise ihrer Rücklagen behalten.

Mit welchem Eigenanteil für die stationäre Pflege muss der Pflegebedürftige rechnen? Laut Statistischem Bundesamt machte der entsprechende Betrag im Jahr 2019 (aktuellere Zahlen lagen bei Redaktionsschluss dieses Buches noch nicht vor) durchschnittlich knapp 1.900 Euro pro Monat aus. Allerdings ist zu beachten, dass die Höhe des Eigenanteils von Bundesland zu Bundesland sehr unterschiedlich ausfallen kann. Relativ günstig fällt er in Sachsen-Anhalt aus (im Jahr 2019 im Schnitt 1.331 Euro), teuer wird es in Nordrhein-Westfalen und im Südwesten der Republik (zwischen 2.300

und 2.600 Euro). Darüber hinaus gibt es auch zwischen den Pflege- und Altenheimen deutliche Preisunterschiede. Im Durchschnitt sind Frauen rund fünf Jahre pflegebedürftig, Männer dreieinhalb Jahre. Ein monatlicher Eigenanteil von 2.200 Euro unterstellt, ergibt das für eine Frau bei fünfjähriger Pflege eine stolze Summe von 132.000 Euro.

Wenn man nun bedenkt, dass im Jahr 2021 die Standardrente (sogenannte Eckrente) in den alten Bundesländern brutto 1.538 Euro und in den neuen Bundesländern 1.506 Euro betrug, kann man leicht nachvollziehen, dass die meisten Pflegebedürftigen im Ruhestand nicht in der Lage sind, diesen Eigenanteil aufzubringen, auch wenn die Renten 2022 deutlich angehoben wurden. Verfügt der Pflegebedürftige über kein hohes Vermögen, mit dem er die »Lücke« schließen kann, muss das Sozialamt einspringen. Dort wird zunächst geprüft, inwieweit die Kinder des Pflegebedürftigen finanziell in die Pflicht genommen werden können. Gesetzlich ist die Sache klar geregelt: Reicht bei pflegebedürftigen Menschen das Geld für die Pflege nicht aus, müssen die Kinder die Eltern aus eigenen finanziellen Mitteln versorgen. »Elternunterhalt« nennt dies der Gesetzgeber. Zahlen muss der Sohn oder die Tochter nur, wenn er oder sie die seit 2020 geltende Einkommensgrenze von 100.000 Euro brutto pro Jahr überschreitet.

Wichtig: Das Sozialamt kann Unterhaltszahlungen nur von Angehörigen einfordern, die mit dem Pflegebedürftigen im ersten Grad verwandt sind – also von den Kindern. Im Gegensatz zu einer immer noch hier und da anzutreffenden Meinung, können Enkelkinder und auch Geschwister nicht zur Zahlung von Unterhalt verpflichtet werden.

Im Jahr 2022 trat das Gesundheitsversorgungsweiterentwicklungsgesetz (GVWG) in Kraft. Ein solches Wortungetüm gibt es mutmaßlich nur in Deutschland. Gleichwohl bringt es einige

Verbesserungen im Bereich der Pflege. So werden Pflegebedürftige nach mehr als 24 Monaten Pflege durchschnittlich um rund 410 Euro pro Monat entlastet, nach mehr als 36 Monaten Pflege um rund 638 Euro monatlich.

Und was wird aus dem Reihenhäuschen oder der Eigentumswohnung des Pflegebedürftigen? Auch Immobilien gehören zum sogenannten Schonvermögen, dies ist allerdings an bestimmte Voraussetzungen geknüpft. So muss der Pflegebedürftige oder dessen Ehepartner Eigentümer des Hauses oder der Wohnung sein und die Immobilie selbst nutzen. Zieht einer der Ehepartner ins Pflegeheim um, der andere Ehepartner wohnt aber weiterhin in der gemeinsamen Immobilie, wird das Objekt geschont. Erst wenn der Ehepartner ebenfalls umzieht, wird das Wohnobjekt verkauft und zur Finanzierung der Heimkosten herangezogen. Grundsätzlich gilt aber: Die Wohnungsgröße muss angemessen sein. Nun ist »angemessen« sicher ein relativer Begriff. Deshalb werden zur Berechnung der maximalen Wohnungsgröße die Regelungen im 2. Wohnbaugesetz zugrunde gelegt.[70] Demnach gilt bei Einfamilienhäusern eine Wohnfläche von 130 Quadratmetern als angemessen, im Fall von Eigentumswohnungen liegt die Grenze bei 120 Quadratmetern – jeweils für eine vierköpfige Familie. Bei kleineren Haushalten werden pro fehlender Person jeweils 20 Quadratmeter abgezogen. Besitzt also ein Ehepaar eine selbstgenutzte Eigentumswohnung, so gilt diese bis zu einer Größe von maximal 80 Quadratmetern als angemessen (120 Quadratmeter minus 2 x 20 Quadratmeter).

Häufig taucht die Frage auf, wie »diskretes Vermögen« behandelt wird, also zum Beispiel verstecktes Bargeld oder Goldbarren. Hier gilt zwar: Was der Staat nicht weiß, macht ihn nicht heiß. Allerdings wäre eine solche Vorgehensweise illegal und Sie würden sich damit strafbar machen, wenn die Sache ans Licht kommt.

MÖGLICHE LÖSUNGSSTRATEGIEN

Viele möchten ihren Kindern »nicht zur Last fallen« und sorgen daher für den Fall der Pflegebedürftigkeit vor, sofern sie nicht über eine hohe Rente oder ein hohes liquides Vermögen verfügen. Falls Sie sich für eine zusätzliche private Vorsorge entscheiden, haben Sie mehrere Optionen:

- die Pflegetagegeldversicherung,
- die Pflegekostenversicherung,
- die nach dem ehemaligen Gesundheitsminister Daniel Bahr benannte staatliche Pflegetagegeldversicherung (»Pflege-Bahr«).

Viele entscheiden sich für das Pflegetagegeld. Dafür gibt es gute Gründe. Bei dieser Versicherung ist es nämlich unerheblich, welche Form der Pflege gewählt wird, sobald die Pflegebedürftigkeit festgestellt wird, steht das Tagegeld frei zur Verfügung. Man kann den Heimaufenthalt damit bezahlen, das Geld zurücklegen oder auch Menschen bezahlen, die einem beim Einkauf oder bei der Reinigung der Wohnung behilflich sind. Allerdings sind die Tarifunterschiede dieser Versicherung recht hoch. Nach Berechnungen der Verbraucherzentrale Nordrhein-Westfalen müsste ein heute 50-Jähriger für ein Tagegeld von 50 Euro im Pflegegrad 5 zwischen 60 und 140 Euro monatlich zahlen. Je jünger der Versicherte ist, desto geringer fallen naturgemäß die Versicherungsbeiträge aus. Wer hingegen erst mit über 60 Jahren eine solche Versicherung abschließt, muss schon mit einem Beitrag von mehreren hundert Euro pro Monat rechnen.

Die Pflegekostenversicherung gilt zwar als die kostengünstigste Vorsorgelösung, hat allerdings den Nachteil, dass sie auf die tatsächlichen Pflegekosten beschränkt ist, so dass die entsprechenden Beträge per Beleg nachgewiesen werden müssen. Diese Versicherung ist mithin deutlich weniger flexibel als die Pflegetagegeldversicherung. Nur wenige Versicherer übernehmen neben den Kosten für die tatsächliche Pflege auch den Aufwand für Unterkunft und Essen in Heimen.

Bleibt noch der Pflege-Bahr. Hand auf's Herz: Wissen Sie noch, wer Daniel Bahr war? Der FDP-Politiker bekleidete von 2011 bis 2013 das Amt des Bundesgesundheitsministers und wechselte dann – wie praktisch – als Manager in die Allianz-Krankenversicherung. Geblieben ist im politischen Raum der Pflege-Bahr, auch wenn er längst nicht so populär wurde wie die nach dem früheren Arbeitsminister Walter Riester (SPD) benannte Riester-Rente. Beim »Pflege-Bahr« handelt es sich um eine staatlich geförderte Pflegetagegeldversicherung. Die Versicherung muss für jeden Pflegegrad (siehe Infokasten) individuelle Leistungen vorsehen (mindestens 60 Euro bei Pflegegrad 1 bis hin zu mindestens 600 Euro bei Pflegegrad 5). Der Vorteil dieser Versicherung besteht neben der kleinen staatlichen Förderung auch darin, dass keine Abfrage des Gesundheitszustands erfolgt. Die Stiftung Warentest kritisiert hingegen, dass es bei relativ hohen Beiträgen nur geringe Leistungen gibt.[71]

Vielfach kritisieren Experten auch die steigenden Beiträge bei Versicherungsprodukten dieser Art. Die Inflation hat diese Kostendynamik weiter verschärft. Wer auf Nummer sicher gehen möchte, sollte vor dem Vertragsabschluss daher einen unabhängigen Versicherungshonorarberater um Hilfe bitten. Dafür fallen Stundensätze von 100 bis 150 Euro an. Das ist meist gut investiertes Geld.

Die unterschiedlichen Pflegegrade

Die fünf Pflegegrade ermöglichen es, Art und Schwere der jeweiligen Beeinträchtigungen unabhängig davon zu erfassen, ob diese körperlich oder psychisch bedingt sind. Die Pflegegrade und damit auch der Umfang der Leistungen der Pflegeversicherung orientieren sich an der Schwere der Beeinträchtigungen der Selbstständigkeit oder der Fähigkeiten der pflegebedürftigen Person. Der Pflegegrad wird mithilfe eines pflegefachlich begründeten Begutachtungsinstruments ermittelt. Die Berechnung der fünf Pflegegrade funktioniert folgendermaßen:

Erfassung der Selbstständigkeit und Fähigkeiten in sechs Lebensbereichen (Module):

1. Mobilität,
geistige und kommunikative Fähigkeiten,
Verhaltensweisen und psychische Problemlagen,
Selbstversorgung,
selbstständiger Umgang mit krankheits- oder therapiebedingten Anforderungen und Belastungen sowie deren Bewältigung,
Gestaltung des Alltagslebens und sozialer Kontakte.

- Diesen Modulen wird vom Gutachter jeweils eine bestimmte Punktzahl zugeordnet. Die Module werden dabei unterschiedlich gewichtet.

Einstufung in einen der fünf Pflegegrade entsprechend der Punktzahl:

- Unter 12,5 Punkte: kein Pflegegrad
- 12,5 bis unter 27: Pflegegrad 1

- ab 27 bis unter 47,5: Pflegegrad 2
- ab 47,5 bis unter 70: Pflegegrad 3
- ab 70 bis unter 90: Pflegegrad 4
- ab 90 bis 100: Pflegegrad 5

Die fünf Pflegegrade sind abgestuft: von geringen Beeinträchtigungen der Selbstständigkeit oder der Fähigkeiten (Pflegegrad 1) bis zu schwersten Beeinträchtigungen, die mit besonderen Anforderungen an die pflegerische Versorgung einhergehen (Pflegegrad 5). Pflegebedürftige mit besonderen Bedarfskonstellationen, die einen spezifischen, außergewöhnlich hohen Hilfebedarf mit besonderen Anforderungen an die pflegerische Versorgung aufweisen, können aus pflegefachlichen Gründen dem Pflegegrad 5 zugeordnet werden, auch wenn die erforderliche Gesamtpunktzahl nicht erreicht wird. Der Spitzenverband Bund der Pflegekassen konkretisiert die pflegefachlich begründeten Voraussetzungen für solche besonderen Bedarfskonstellationen in seinen Begutachtungs-Richtlinien.[72]

KAPITEL 10
NUR VORSORGEN ODER SCHON »PREPPERN«?

Sicher erinnern Sie sich noch an den Beginn der Corona-Pandemie, als beinahe von einem Tag auf den anderen in den Supermärkten und Drogerien kein Toilettenpapier mehr zu bekommen war. Manche Verbraucher hatten für den Notfall ganze Paletten zu Hause gelagert, andere bestellten bei Ebay im Ausland Nachschub für ihre Toilettenhygiene und zahlten dafür nachgerade astronomische Preise. Schnell machte ein Witz die Runde: Was ist der Unterschied zwischen den Deutschen und den Franzosen? Ganz einfach: Die Franzosen horten Rotwein, die Deutschen Toilettenpapier. Wie immer man diese mitunter hysterische Züge annehmenden Hamsterkäufe beurteilen mag, mit einem Mal wurde den Konsumenten klar, dass sie sich eben nicht darauf verlassen können, alle Waren ihres persönlichen Bedarfs schnell im Supermarkt oder beim Discounter um die Ecke besorgen zu können. Unversehens wurde deutlich, dass es sicher mehr als nur empfehlenswert erscheint, Vorräte anzulegen, schließlich weiß niemand, wann der nächste »schwarze Schwan«, also ein unvorhersehbares Ereignis wie die Corona-Pandemie oder der Ukraine-Krieg, um die Ecke kommt und die eigentlich so minutiös ausgeklügelten Lieferketten empfindlich stören könnte.

Lange Zeit hatten sich viele über die sogenannte Prepper-Szene amüsiert. Man sah in den Preppern oft ziemlich skurrile Menschen, oft wurden sie – ob zu Recht oder zu Unrecht sei dahingestellt – einer rechten Gesinnung verdächtigt und mit den »Reichsbürgern« in Verbindung gebracht. Obgleich es gewisse Schnittmengen geben mag, so ist doch das Preppern per se weder skurril noch suspekt, obgleich sich manche in eine geradezu apokalyptische Stimmung versetzen und dem drohenden Atomkrieg vorbeugen möchten – sofern dies überhaupt möglich ist.

Bleiben wir auch an dieser Stelle gelassen und befassen wir uns ganz sachlich mit der Frage, welche Vorsorgemaßnahmen empfehlenswert sind und welche als überzogen erscheinen. Der Begriff »Prepper« ist abgeleitet vom Englischen »to be prepared«, also: sei vorbereitet. Neu ist das Preppern nicht, nur nannte man es früher anders, zum Beispiel »Vorsorge für schlechte Zeiten« oder auch »hamstern«.

Die Journalistin Gabriela Keller recherchierte vor einigen Jahren die deutsche Prepper-Szene für eine Buchveröffentlichung. Sie traf viele unterschiedlich motivierte Prepper, ging mit manchen in den Wald zum Überlebenstraining und sprach mit ihnen über die Gründe ihrer Apokalypsen-Prophylaxe. Ihr Fazit: »Einige (Prepper) waren nachdenklich und bescheiden, andere verbohrt, rigide und geprägt von einer irritierenden Anspruchshaltung. Alles in allem aber waren die meisten von ihnen, abgesehen von ihren Preppering-Aktivitäten, vor allem eines: normale Durchschnittsdeutsche mit normalem Durchschnittsleben.«[73] Vor dem Hintergrund der Corona-Pandemie ist es für die Autorin durchaus nachvollziehbar, dass sich die deutschen Haushalte (und beileibe nicht nur Prepper) ein kleines Lager mit Lebensmitteln und Hygieneprodukten anlegten. »Die Aussicht, im Falle einer Quarantäne die Wohnung nicht mehr verlassen zu können, trieb auch eher sorglose Gemüter, die sonst kaum mehr im Kühlschrank haben als Senf, Butter, eine halbleere Flasche Gin und eine angebrochene Packung Büffelmozzarella, zur Vorratshaltung«[74], schreibt Gabriele Keller.

Jedenfalls sollten Sie nach Katastrophen – welcher Art auch immer – nicht unbedingt auf den Staat hoffen. Politiker erweisen sich in solchen Fällen oft als überforderte Leichtmatrosen. Vielleicht erinnern Sie sich noch an den Hurrican Katrina, der im Jahr 2005 ganze Wohngebiete in den USA unter Wasser setzte. In der Folge kam es zu »hässlichen Begleitumständen wie Plünderungen, Raubüberfällen, Vergewaltigungen und anderen Scheußlichkeiten mehr (...) Nicht umsonst wurde die Nationalgarde ins Katastrophengebiet beordert«, schreibt der Autor und Überlebenstrainer Lars Konarek.[75] Der Hurrican Katrina wurde zu einem erschütternden Beispiel für das katastrophale Krisenmanagement des damaligen US-Präsidenten George W. Bush.

Auch nach dem schweren Erdbeben im japanischen Kobe im Jahr 1995 blieb aufgrund eklatanten Regierungsversagens das Krisengebiet tagelang ohne dringend benötigte Nahrungsmittel, Wasser, Decken und so weiter. Und wohl jeder von uns denkt noch an die verheerende Jahrhundertflut im Ahrtal, die ich bereits erwähnt habe. Während viele dort lebende Menschen alles verloren, zog es die zuständige rheinland-pfälzische Ministerin Anne Spiegel seinerzeit vor, Urlaub zu machen, was ihr später das Amt der Bundesministerin in der Regierung von Olaf Scholz kostete.

Diese wenigen Beispiele mögen zeigen: Vertrauen Sie nicht auf die Politik; sorgen Sie vielmehr selbst im Rahmen Ihrer Möglichkeiten für den Katastrophenfall vor. Wer so handelt, ist kein durchgeknallter Prepper, sondern ein verantwortungsbewusst handelnder Bürger.

ZIVILSCHUTZVORSORGEMASSNAHMEN FÜR KRISENZEITEN

Kriege, drohende Bürgerkriege, stunden- oder gar tagelange Stromausfälle, Pandemien mit der Folge tagelanger Quarantäne – für all diese Fälle sollten Sie entsprechend vorsorgen. Nachfolgend erhalten Sie einen Überblick, was in solchen Situationen unbedingt erforderlich ist und was nach Möglichkeit vorhanden sein sollte.

- **Wasser:** Für den Ernstfall gilt die 3er-Regel, die wir an dieser Stelle anführen, um deutlich zu machen, wie wichtig eine ausreichende Wasserversorgung ist. Ein Mensch kann etwa 3 Minuten ohne Sauerstoff, 3 Tage ohne Wasser und 3 Wochen ohne Nahrung überleben. Das zeigt, dass immer ausreichend Wasser bereitstehen sollte. Sie brauchen mindestens 2,5 Liter Trinkwasser pro Person und Tag. Hinzu kommen Wasser zum Kochen und zur Zubereitung von Speisen sowie Brauchwasser zur Körperhygiene und Wäsche. Halten Sie nach Möglichkeit mindestens 1,5 Liter Mineralwasser oder auch Fruchtsäfte pro Person und Tag bereit.

- **Nahrungsmittel**: Als Faustregel gilt, dass etwa 250 Gramm eines der unten stehenden Nahrungsmittel für einen Tag als Not-Verpflegung ausreichen. Zum Überleben reichen vorübergehend rund 1.000 Kilokalorien pro Tag.
    - Dosenbrot, Hartkekse, Dauerbrot
    - Knäckebrot, Zwiebach

- Haferflocken, Reis, Mehl, Nudeln
- Trockensuppen, Hülsenfrüchte, Trockenkartoffeln
- Dörrobst
- Kondensmilch, H-Milch
- Walnüsse, Mandeln, Haselnüsse und andere Nüsse
- Fleisch-, Wurst- und Suppenkonserven
- Obst- und Gemüsekonserven
- Fertiggerichte aller Art
- Butterfett, Margarine, Speiseöle
- Trockenbabynahrung
- Kaffee, Tee und Instantnahrung

- **Kochgeräte und Beleuchtung:**
  - Handgetreidemühle, Fleischwolf
  - Esbitkocher, Esbittrockenbrennstoff
  - Gas, Spiritus- und Campingkocher
  - Großer Waschkochtopf
  - Kerzen, Zündhölzer, funktionsfähige Benzin- oder Gasfeuerzeuge
  - Campingleuchten, Taschenlampen mit wiederaufladbaren Ersatzakkus oder -batterien
  - Falls vorhanden: Autobatterie als Energiespender für Beleuchtung

- **Arznei:**
  - Unentbehrliche persönliche Medikamente (Hausarzt fragen)
  - Jodtabletten
  - Kalzium und Vitamintabletten
  - Abführmittel und Mittel gegen Durchfall (zum Beispiel Dulcolax bzw. Loperamid)

- Mittel gegen Magenbeschwerden (zum Beispiel Talcid)
- Wund- und Brandsalbe
- Wunddesinfektionsmittel
- Schmerz- und Fiebermittel

- **Hygiene:**
  - Seife, Waschpulver
  - Zahnbürste, Zahncreme und Mundwasser
  - Toilettenpapier, Papiertaschentücher
  - Desinfektionsmittel
  - Feuchtigkeitstücher, ggf. Pampers, Damenbinden

- **Ebenfalls wichtig:**
  - Wechselwäsche
  - Schuhe
  - Taschenmesser, Dosenöffner
  - Klebebänder zum Abdichten von Kleidung
  - Handys mit geladenen Ersatzakkus bzw. Powerbanks

WERTSACHEN SICHER AUFBEWAHREN

Ein wichtiger Teil des wirtschaftlichen Krisenmanagements besteht – wie an anderer Stelle in diesem Buch bereits ausgeführt – darin, in inflationsgeschützte Sachwerte zu investieren. Doch wo sollten Sie Ihre Goldbarren, Münzen, Uhren, Ihren Schmuck und Ihr Bargeld aufbewahren? Ihre Preziosen und Geldscheine zu Hause zu verstecken, ist keine gute Idee. Erst recht sollte man keine großen Bargeldsummen in den eigenen vier Wänden aufbewahren. Dennoch verstecken nach einer Schätzung der Deutschen Bundesbank die Bundesbürger etwa 110 Milliarden Euro zu Hause.[76] Man soll es nicht glauben, aber das Bargeld und andere Wertsachen werden noch immer in Kaffee- oder Gebäckdosen aufbewahrt, außerdem in Büchern, abgeschlossenen Schubladen, Kopfkissen und unter Matratzen. Begehrt sind auch die Rückseiten von Bilderrahmen, Vasen oder Blumentöpfen. Und manche vermeintliche »Ravioli-Dose« birgt einen wertvollen Inhalt. Das wissen Einbrecher längst, daher sind diese »Dosentresore« einfach nur rausgeworfenes Geld. Wohin also mit den Schätzen?

Sie in eine Schublade oder in einen Billigtresor aus dem Baumarkt zu legen, ist sicher keine gute Idee. Im Fall der Fälle könnte das auch Probleme mit der Hausratversicherung geben. Die Alternative besteht darin, bei Ihrer Bank oder Sparkasse ein Wertschließfach anzumieten. Das Problem: Immer mehr Bankfilialen werden geschlossen, dadurch sinkt auch die Zahl der Bankschließfächer. Außerdem haben Sie zu Ihrem Wertschließfach meist nur während der Öffnungszeiten des Geldinstituts Zugang. Mittlerweile gibt es jedoch in Deutschland, Österreich und der Schweiz auch private Anbieter von Wertschließfächern, zum Beispiel von Degussa. Diese Angebote sind meist etwas teurer als Bankschließfächer, dafür haben Sie auch außerhalb der Banköffnungszeiten Zugang, und die Schließfächer befinden sich auf höchstem Sicherheitsstandard. Bevor wir uns mit dem Für und Wider von Haus-Tresoren und Wertschließfächern von Banken und privaten Anbietern beschäftigen, soll an dieser Stelle die heikle Frage aufgegriffen werden, ob es grundsätzlich empfehlenswert ist, Bargeld zu Hause aufzubewahren (solange es noch Bargeld gibt).

Meine Empfehlung: Da, wie in diesem Buch ausführlich thematisiert, ein Blackout – also ein vielleicht tagelanger Stromausfall – nicht ausgeschlossen werden kann, sollten Sie einen überschaubaren Geldbetrag zu Hause aufbewahren. Denn bei einem großflächigen Stromausfall können Sie sich weder am Geldautomaten mit Cash versorgen noch Bargeld aus Ihrem Wertschließfach holen. Ich empfehle eine »eiserne Reserve« von 1.000 Euro pro Familienmitglied, bei einer dreiköpfigen Familie mithin 3.000 Euro.

Falls Sie aber darüber hinaus größere Geldsummen oder wertvolle Preziosen und kostbare Sammlungen zu Hause aufbewahren möchten, sollten Sie nicht am falschen Ende sparen und einen widerstandsfähigen Tresor von geprüfter Qualität erwerben. Wie gesagt: Finger weg von Billigtresoren, wie sie vor allem in Baumärkten und im Internet feilgeboten werden. Diese lassen sich mitunter schon mit einem kräftigen Faustschlag öffnen. Dadurch wird der kleine Metallstab, der im Inneren des Tresors als Anker dient, beschleunigt. Wenn ein Einbrecher dann im richtigen Moment am Griff dreht, hat er das vermeintlich sichere Wertbehältnis bereits geöffnet. Manche »Blechdose« lässt sich sogar mit einer größeren Büroklammer öffnen – und das ist kein Joke. Der Draht der Klammer lässt sich bei vielen Modellen einfach in das Innere des Tresors einführen; mit ein wenig »Fummelarbeit« erreicht man den oft ungeschützten Resetknopf, betätigt ihn, gibt einen neuen Sicherheitscode ein und schon ist der kleine Tresor geöffnet. In diesem Fall wird er nicht einmal beschädigt. Das kann fatale Folgen für Sie haben. Denn wenn ein Tresor keine Beschädigungen aufweist, die auf eine gewaltsame Öffnung schließen lassen, wird sich die Versicherung womöglich weigern, den Schaden zu ersetzen.

Möbeltresore, wie man sie zum Beispiel aus Hotelzimmern kennt, stellen schon eine sicherere Lösung dar, allerdings nur, wenn Sie hochwertige Modelle wählen, für die Sie dann aber schon mit ein paar hundert Euro rechnen müssen. Beim Kauf eines solchen Möbeltresors, der natürlich auch fachmännisch installiert werden muss, sollten Sie auf massive Wand- und Türstärken achten sowie auf eine feuerfeste Beschaffenheit.

Für jeden Tresor gilt: Er sollte sehr stabil mit der Wand oder dem Boden verankert sein. Machen Sie es Einbrechern so schwer wie möglich. Denken Sie immer daran: Was Einbrecher niemals haben, ist Zeit. Für sie muss es schnell gehen, um nicht erwischt zu werden.

Wenn Sie aber besondere Schätze zu Hause aufbewahren möchten, reicht auch ein Möbeltresor nicht aus. Gefragt sind dann Wandtresore, die fest im Mauerwerk verankert sind oder aber in die Wand »versenkt« werden. Nun bringen solche großen Stand- und Wandtresore schon einmal stattliche Gewichte auf die Waage. 500 oder gar 1.000 Kilogramm sind keine Seltenheit. Achten sollten Sie auf die Sicherheitsstufe des Tresors. Es gibt die Klassen 0 bis 6, wobei ein Tresor der Klasse 0 die schwächste, das Modell der Klasse 6 die stärkste Einstufung aufweist. Die Einstufungen erfolgen durch den Verband der Sachversicherer e.V. (VdS). Normalerweise sind Tresore der Klasse 1 oder 2 für Privatkunden ausreichend. Wenn Sie sich einen widerstandsfähigen Tresor kaufen, dann achten Sie unbedingt darauf, dass dieser nach EN 1143-1 geprüft und zertifiziert ist.

Werfen Sie schließlich noch einen Blick auf die Schlosssysteme von Stand- oder Wandtresoren. Die meisten dieser Produkte sind mit einem Doppelbartsicherheitsschloss mit zwei Schlüsseln ausgestattet. Vorteil: Sie brauchen sich keinen Code zu merken. Außerdem kann wirklich nur jemand den Tresor öffnen, der über beide Schlüssel verfügt. Bei Zahlenschlössern hingegen kann man nie sicher sein, dass der Code nicht an unbefugte Dritte weitergegeben wird. Allerdings weisen die Schlüssel für ein Doppelbartsicherheitsschloss eine beträchtliche Länge von rund zwölf Zentimetern auf. Zu viel, um sie am Schlüsselbund zu befestigen.

Bedenken Sie ferner: Der stabilste Tresor schützt Ihre Wertsachen nicht, wenn Sie und/oder Ihre Familienangehörigen von brutalen Einbrechern mit Waffen bedroht werden. Wenn es um Leben und Tod geht, werden Sie den Kriminellen den Tresor öffnen. Denn die körperliche Unversehrtheit und das Leben von Ihnen und Ihren Familienmitgliedern hat natürlich absolute Priorität – ganz egal, was Sie nun in Ihrem Tresor aufbewahren.

Sollten Sie also über besonders teure Sachwerte verfügen, so empfehle ich Ihnen ein Bankschließfach oder ein Wertschließfach von einem anerkannten privaten Anbieter. Sie haben folgende Möglichkeiten:

Bankschließfächer: Trotz spektakulärer Einbrüche, die immer mal wieder für Schlagzeilen sorgen (zum Beispiel die Berliner »Tunnelräuber«) gelten die Wertschließfächer der Banken als sicher, vor allem, wenn sie mit der neuesten Sicherheitstechnik ausgestattet sind. Außerdem sind diese Schließfächer relativ günstig und daher stark nachgefragt. Durchaus möglich, dass Sie auf einer Warteliste landen. Ein weiterer Nachteil: Der Inhalt bei Bankschließfächern ist meist nur bis zu einem geringen Betrag versichert. Wünscht der Kunde eine höhere Versicherungssumme, muss er entsprechend mehr bezahlen. Bargeld ist in der Regel überhaupt nicht versichert.

Banken- und händlerunabhängige Lagerunternehmen: Manche Start-ups haben inzwischen das lukrative Geschäft mit Wertschließfächern entdeckt. Sie bieten häufig mehr Flexibilität (Zugang nicht nur während der Schalteröffnungszeiten der jeweiligen Bank). Außerdem besteht (noch) keine gesetzliche Meldepflicht der Kontodaten. Nachteil: Diese Anbieter verfügen oft nur über sehr wenige

Niederlassungen. Wenn Sie in München wohnen, werden Sie wohl kaum ein Wertschließfach in Berlin anmieten wollen. Bankenunabhängige Anbieter sind in Deutschland zum Beispiel Asservato und Trisor, in Österreich der Tresor Palais Coburg.

Meine Empfehlung: Lassen Sie sich vorab die Tresoranlagen der Anbieter zeigen und fragen Sie, ob und nach welchen Standards die Lagerstätte zertifiziert wurde. Außerdem wichtig:

- Wird die Lagerstätte rund um die Uhr von qualifiziertem Sicherheitspersonal überwacht?
- Wird Hochsicherheitssensorik der neuesten Generation eingesetzt?
- Gibt es biometrische Sicherheitsschleusen?
- Besteht eine gesetzliche Meldepflicht der Kundendaten?
- Wer erhält Zugriff auf das Schließfach?
- Zu welchen Zeiten ist der Zugang möglich?

Schließfächer bei Edelmetallhändlern: Auch mehrere Edelmetallhäuser in Deutschland und im benachbarten Ausland bieten ihren Kunden bankenunabhängige Schließfächer an, die sich – wie zu hören ist – reger Nachfrage erfreuen. Zu den bekanntesten Anbietern in Deutschland gehören pro aurum und Degussa Goldhandel. Deren Schließfächer erfüllen höchste Sicherheitsstandards. Ein hohes Maß an Diskretion ist ebenfalls gegeben. Sofern Sie in Edelmetalle investieren, profitieren Sie von den kurzen Wegen vom Kauf bis ins Schließfach. Verkauf und Aufbewahrung finden oft im selben Gebäude statt. Die Öffnungszeiten, die einen Zugang zu Ihrem Schließfach erlauben, sind meist großzügiger bemessen als bei Geldinstituten.

Abbildung 3: *Ein sicherer Schutz Ihrer Wertsachen – wie hier in einem modernen Tresorraum – ist nicht nur, aber vor allem in Krisenzeiten wichtig. Bildnachweis: PantherMedia/gemenacom/Archiv Brückner*

Die wichtigsten Fragen rund um Wertschließfächer

1. Die wichtigste Frage für Ihr Krisenmanagement: Was passiert mit meinem Bargeld und meinen Wertsachen, wenn der Schließfachanbieter Insolvenz anmelden muss?

Natürlich bleiben Sie auch in diesem Fall Eigentümer der im Schließfach enthaltenen Wertgegenstände, selbst wenn diese im Augenblick nicht in Ihrem Besitz sind, sondern im Schließfach lagern. Das ändert jedoch nichts daran, dass Sie nach wie vor das Recht an den Sachen haben (Sie sind der Eigentümer). Bei Problemen wenden Sie sich direkt an den Insolvenzverwalter.

2. Können Bankschließfächer seitens der betreffenden Bank oder des Staates gesperrt werden?

Wenn eine Bank bei drohender Insolvenz zumindest vorübergehend schließen muss, haben Sie natürlich keinen Zugang zu Ihrem Schließfach im Tresorraum der Bank. Dass es dazu kommt, ist in Deutschland, der Schweiz und Österreich zwar eher unwahrscheinlich, völlig ausschließen kann man ein solches Szenario freilich nicht. Während der Euro- und Staatsschuldenkrise in Griechenland und auf Zypern wurden die Banken und damit die Schließfächer vorübergehend gesperrt. Im Jahr 2014 sollen mehr als 15.000 Schließfächer in Griechenland auf Antrag der Steuerfahndung blockiert worden sein. Mehr Sicherheit bieten in dieser Hinsicht bankenunabhängige Anbieter von Wertschließfächern.

3. Welche Beweise muss man vorlegen, um von der Versicherung entschädigt zu werden, wenn Einbrecher in den Tresorraum eindringen und meine Wertsachen stehlen?

In der Tat ist das eine heikle Angelegenheit. Einerseits wollen Sie Ihre Wertgegenstände so diskret wie möglich verwahren lassen, andererseits dürfte die Versicherung im Fall der Fälle eine detaillierte Schadenaufstellung verlangen. Und dann ist es nicht damit getan, dass Sie zum Beispiel eine Liste mit dem Wertfachinhalt vorlegen, also zum Beispiel: »20 Gold-Krügerrand (je 1 Unze), eine Rolex-Herrenarmbanduhr in Stahl/Gold, 1 Patek Philippe Jahreskalender in Gold, Halskette aus Weißgold (18 Karat) mit einem Diamanten (1 Karat), 20.000 Euro Bargeld«. Die Versicherung wird vielmehr Rechnungen, Herstellerzertifikate, Wertgutachten, detaillierte Fotos und so weiter verlangen. Das Bargeld wird Ihnen im Fall von Bankschließfächern ohnehin nicht ersetzt werden. Experten empfehlen, die im Schließfach aufbewahrten Wertgegenstände zu fotografieren (Vorder- und Rückseite). Bei jedem Besuch sollte der Inhalt des Schließfachs zusammen mit einer aktuellen Tageszeitung (Erscheinungsdatum muss gut sichtbar sein) fotografiert werden. Bewahren Sie auch Rechnungen, Garantieurkunden und Zertifikate sorgfältig auf (aber nicht im Schließfach). Je mehr belastbare Papiere Sie vorlegen können, desto besser sind Ihre Karten bei den Verhandlungen mit der Versicherung.

4. Was passiert mit dem Schließfachinhalt nach dem Tod des Mieters?
Ganz wichtig: Testamente sollten nie in einem Schließfach verwahrt werden, denn in diesem Fall stehen die Erben vor einem großen Problem. Sie sind oft nicht in der Lage nachzuweisen, dass sie die Erben des Schließfachinhabers sind, daher wird sich die Bank weigern, das Schließfach zu öffnen. Dann muss der voraussichtliche Erbe eine Nachlasspflegschaft beantragen, um durch einen Nachlasspfleger feststellen zu lassen, ob sich im Schließfach ein Testament befindet. Wenn Sie also Ihr Testament nicht an einem sicheren Ort zu Hause

aufbewahren, wählen Sie die amtliche Verwahrung beim zuständigen Nachlassgericht.

Grundsätzlich gehen die Rechte am Schließfach und dessen Inhalt auf die Erben über. Für den Fall, dass mehrere Personen erben, können diese nur gemeinsam ein Bankschließfach kündigen und müssen hierzu ihr Erbrecht nachweisen. Problematisch wird es, wenn der Schließfachmieter noch zu Lebzeiten nur einer Person aus einer Erbengemeinschaft eine Vollmacht über sein Schließfach erteilt. Denn in diesem Fall könnte sich der Erbe mit der Vollmacht das verwahrte Vermögen aneignen. Die anderen Erben sind in einer solchen Situation kaum in der Lage nachzuweisen, was alles in dem Schließfach deponiert war. Sogar eine in der Wohnung des Verstorbenen aufgefundene Inventarliste wäre kein brauchbarer Beweis.

DAS SCHNELLE GELD AUS DEM PFANDHAUS

Lange Zeit hatten Pfandhäuser einen gewissen »Hautgout«. Sie galten als Bank des kleinen Mannes und all jener, die dringend Geld brauchten und von ihren Geldinstituten keines mehr bekamen. Dann wurde eben die Uhr des Vaters oder der Schmuck der Großmutter ins Pfandhaus getragen. Und wenn alles gut ging, später wieder ausgelöst. Ging es nicht gut, kamen die Pfänder nach Ablauf einer bestimmten Frist unter den Hammer.

Die hohe Inflation mit der Folge stark steigender Preise und die Ende 2022 förmlich explodierten Energiepreise zwangen viele Menschen dazu, ihre letzten Reserven zu mobilisieren; und manche führte der Weg dann auch ins Pfandhaus. Mitunter werden sogar Autos verpfändet.

Die Vorteile sind klar: Wer zum Beispiel eine kostbare Schweizer Uhr verpfändet, bekommt schnell eine größere Summe Geld ausgezahlt, ohne sich seinem Bankberater finanziell offenbaren zu müssen und ohne Schufa-Anfrage. Ist der Kunde später wieder liquide, kann er seine Uhr auslösen. Der Nachteil: Man bekommt für sein Pfand deutlich weniger, als es eigentlich wert ist. Schließlich will sich das Pfandhaus gegen das Verwertungsrisiko absichern. Sprich: Bei einer eventuellen Versteigerung soll mindestens der an den Kunden gezahlte Betrag herauskommen. Liegt der Zuschlagspreis über der Pfandsumme, erhält der Kunde den Mehrertrag ausgezahlt. Der vermutlich gravierendste Nachteil besteht allerdings darin, dass der Kunde für das Geld, das er für sein Pfand bekommt, Zinsen und Gebühren zahlen muss. Das kann in manchen Fällen schon mal bis zu 4 Prozent pro Monat ausmachen.

Vorsicht bei Autopfandhäusern, die versprechen, das Auto als Pfand zu akzeptieren, gleichzeitig aber dem Kunden anbieten, es weiter zu fahren, indem sie den Wagen mieten. Ein Rückkaufsrecht kann dem Kunden dann verweigert werden.

Um nicht auf »schwarze Schafe« hereinzufallen, empfiehlt es sich, auf die Mitgliedschaft des betreffenden Pfandhauses im Zentralverband des deutschen Pfandkreditgewerbes zu achten.

KAPITEL 11
AUSWANDERN ALS KRISENMANAGEMENT
EIN GASTBEITRAG VON NORBERT BARTL

Sie sehen keine Zukunft mehr im eigenen Land? Sie machen sich Sorgen um Ihre Zukunft und die Zukunft Ihrer Kinder? Krieg mitten in Europa und explodierende Energiepreise, wenig Vertrauen in den Euro, hohe Steuern. Vielleicht wollen Sie aber auch nur dem täglichen Hamsterrad entkommen und dort Ihr Geld verdienen, wo man es gemeinhin etwas legerer angehen lässt und das Leben zu genießen versteht. Dann haben Sie vermutlich auch schon einmal daran gedacht, Deutschland oder Österreich den Rücken zu kehren und auszuwandern. Immerhin haben im Jahr 2021 beinahe eine Million Menschen Deutschland mehr oder weniger leise »Servus« gesagt.[77] *Auswandern kann also auch eine Form von persönlichem Krisenmanagement sein – allerdings verbunden mit zahlreichen Fallstricken. Einer der führenden Experten zum Thema »Auswandern« ist mein Kollege Norbert Bartl, der so freundlich war, die wichtigsten Tipps in dem folgenden Beitrag zusammenzufassen.*

Eigentlich müssen wir der Politik für die vielen Tritte in den Hintern sogar danken: Es ist Zeit zum Aufwachen, erinnern sie uns. Auf jeden, der es richtig macht, wartet im Ausland ein besseres Leben. Angenehmer, sorgloser, mit weniger Bürokratie und mehr Geld – und im Idealfall ohne direkte Steuern. Sagen Sie nicht: »Unsinn«, bevor Sie die Einzelheiten kennen.

Menschen wandern aus, seit es Menschen gibt. Die Gründe ändern sich. Geldnot, keine Arbeit, Existenzangst, Abenteuerlust, Langeweile – und manchmal geht es um das nackte Überleben. Probleme gibt es oft, wenn Auswandern zur Flucht wird. So wie wir es gerade erleben. Ohne Plan in ein anderes Land zu ziehen, geht nicht immer gut. Wenn Sie Ihre Zukunft im Ausland sehen, kann es nicht schaden, einige Regeln zu beachten – damit Sie nicht als gescheiterter Auswanderer bei Ihrer Botschaft um ein Rückflug-Ticket betteln und beim Sozialamt Männchen machen müssen.

Auswandern kann Leben retten. Manchen Juden bewahrte während der Nazizeit ein Ortswechsel vor dem sicheren Tod. Heute sorgen sich die Menschen eher um ihre materielle Existenz: Inflation, schleichende Enteignung, Bargeld-Abschaffung, Energiekrise. Kein Deutscher oder Österreicher weiß, was da alles auf ihn zukommen könnte. Also entscheiden sich immer mehr für ein besseres Leben in einem anderen Land. Aber wo? Und wie geht das genau? Für wen kommt Auswandern überhaupt infrage – und für wen eher nicht?

Eins von diesen drei Dingen sollte jeder Auswanderer mitbringen: genug Geld, einen in seinem Zielland gesuchten Beruf oder ein Einkommen aus einem Geschäft, das an keinen Standort gebunden ist. Ein Handwerker, Koch oder Musiker wird überall auf der Welt Geld verdienen – wobei es nicht wirklich eine Verbesserung ist, künftig in Frankreich, Italien oder Spanien angestellt zu sein und Steuern zu zahlen, statt in Deutschland. Ganz anders sieht es mit einem eigenen Unternehmen aus, das im Idealfall völlig ortsunabhängig ist, zum Beispiel im Internet. Mit so einem Online-Business packen Sie Ihren Laptop ein, fliegen nach Buenos Aires und arbeiten weiter, ohne dass Ihre Kunden den Unterschied merken. Die Chancen sind vielfältig. Haben Sie schon ein international taugliches Geschäft, vielleicht im internationalen Handel, als Vermittler, Berater oder Werbetexter? Dann ist die Chance gut, dass Sie dieses künftig aus dem Ausland leiten. Dank Corona-Krise haben wir gelernt, viele Dinge im Homeoffice zu erledigen, warum also nicht die Erfahrung nutzen und das Homeoffice in ein angenehmeres Land verlegen?

Was das Geld betrifft, so hat fast jeder von uns Vermögenswerte, die er über kurz oder lang zu Bargeld machen kann. Die Lebensversicherung, das halbwegs neue Auto, die ortsgebundene Firma, die Immobilie. Sogar aus dem Verkauf eines deutschen Reihenhauses leben Sie in vielen Ländern, ohne dass Sie auf etwas verzichten müssen. Suchen Sie sich ein Land, in dem Sie vom Geld aus dem Verkauf zwei Häuser am Meer bekommen. In einem wohnen Sie selbst, und von der Miete des anderen leben Sie. Genug Geld für ein Leben im Ausland kann auch die Rente sein, die zu Hause nur 15 Tage reicht – und mit der Sie in Laos, Kambodscha oder Venezuela unter Ausnutzung von Inflation und Schwarzmarkt als wohlhabender Bürger gelten.

Mindestens genauso wichtig für ein zufriedenes Leben im Ausland sind private und familiäre Umstände. Planen Sie für sich allein oder für eine Familie mit Kindern? Ist Ihr Partner aus Überzeugung dabei oder eher widerwillig, nur weil Sie es wollen? Haben Sie ein Problem damit, künftig auf Freunde und Bekannte zu verzichten? Auf Verein und Stammtisch? Knüpfen Sie leicht Kontakte? Lernen Sie schnell eine neue Sprache? Was sagen die Kinder zum Schulwechsel? Vor der Corona-Pandemie gaben solche Dinge oft den Ausschlag gegen eine Auswanderung. Aber seit wir ganz praktisch erlebt haben, welche gravierenden Eingriffe in unser Privatleben möglich sind, ist Auswandern immer mehr zur Flucht geworden. Hals über Kopf auszuwandern, ist also keine gute Idee. Einigen Sie sich lieber mit Ihrem Partner auf ein Land, in dem Sie beide gut leben können – und dessen Sprache Sie einigermaßen beherrschen. Wenn das nicht klappt, sagen Sie das Thema Ausland lieber ab – oder suchen Sie sich einen neuen Partner.

In den Jahren vor 2020, als Corona nur ein Bier aus Mexiko war, zogen Deutsche vor allem wegen der hohen Steuern ins Ausland. Es ist ja kein Wunder: Wer mag schon arbeiten, wenn ihm Politik und Behörden ab nur rund 54.000 Euro Jahreseinkommen über 70 Prozent in Form direkter und indirekter Steuern, Gebühren und Zwangsbeiträgen abknöpft? Steuern sind das größte Ärgernis fast jeden Unternehmers, und mancher fällt dabei auf Verkäufer dubioser Steuersparmodelle herein oder auf Gründer ebenso teurer wie unnötiger Konstruktionen aus Stiftungen, Trusts und Gesellschaften in Steueroasen, die nur dem Gründer wirklich nützen, während der Nutzer nicht selten mit einem Bein im Gefängnis steht.

Dabei gibt es tatsächlich einen legalen Weg, wie Sie sich nie mehr über hohe Steuern ärgern müssen. Im Idealfall zahlen Sie auf diese Weise überhaupt keine direkten Steuern mehr – und obendrein können Sie sinnlose Vorschriften vergessen, und Sie werden nie mehr von überflüssigen Behörden und sturen Bürokraten belästigt. Mehr noch: Nie mehr in Ihrem Leben kriegen Sie einen Brief von einem Amt oder einer Behörde. Es ist der Königsweg für Auswanderer – der freilich nur für selbstständig tätige Menschen mit einem ortsunabhängigen Geschäftsmodell funktioniert. Haben Sie nicht? Vielleicht wissen Sie es nur nicht. Durch die heutige Technik wird der Standort immer unwichtiger. In vielen Branchen gibt es heute Varianten, wie Sie online verkaufen und Ihre Umsätze über das Internet generieren. Wenn Sie so weit sind, ist der Rest relativ einfach.

FÜNF SCHRITTE IN EIN BESSERES LEBEN

1. Schritt: In der EU und den meisten Ländern der Welt hängt die Steuerpflicht vom Wohnsitz ab. Da, wo einer wohnt, muss er sein gesamtes Welteinkommen versteuern. Wer in Deutschland keine Steuern zahlen will, muss also seinen deutschen Wohnsitz aufgeben – wozu in der Praxis viel Kleingedrucktes im deutschen Außensteuergesetz steht. Vereinfacht gesagt ist nur aus dem Schneider, wer nicht in ein Steuerparadies zieht und in Deutschland weder eine Wohnung zur Verfügung hat, noch wirtschaftliche Interessen oder Einkommen. Wer so etwas plant, ist gut beraten, wenn er vorher alle Firmen und Immobilien in Deutschland verkauft. Je nach Branche, Geschäftsmodell und Sitz der Kunden kann er ja hinterher sein Geschäft aus dem Ausland wieder aufnehmen.

2. Schritt: Ziehen Sie aus Deutschland weg in ein unverdächtiges EU-Land wie Italien, Spanien, Portugal, Frankreich oder Griechenland. Melden Sie sich dort nicht an, sondern halten Sie sich dort immer nur als Besucher auf, was Sie offiziell drei Monate lang dürfen und wonach Sie in der Praxis keiner fragt. Mieten Sie eine Wohnung und eröffnen Sie ein Konto, von dem Sie erstmal nur Miete und Stromrechnung zahlen. Ihr Konto in Deutschland behalten Sie vorerst. Falls Sie zusätzlich bereits ein Konto im Ausland haben, sind Sie schon einen Schritt weiter. Melden Sie sich in Deutschland ab, und lassen Sie sich durch Ihren Steuerberater beim Finanzamt abmelden; offene Vorgänge und Erklärungen wickeln Sie über Ihren Steuerberater ab.

3. Schritt: Besorgen Sie sich von Ihrem Urlaubsland aus einen neuen offiziellen Wohnsitz in einem unkomplizierten Land, das statt Ihrem Welteinkommen nur das im Inland erzielte Einkommen besteuert – was Sie nicht haben. Wichtig ist, dass Einkommen über Firmen in aller Welt dort steuerfrei sind. Das trifft unter anderem auf Paraguay, Costa Rica, Panama, die Dominikanische Republik und die Philippinen zu. Wenn Sie die Bürokratie und die Kosten für Ihre Aufenthaltspapiere vergleichen, ist Paraguay unter diesen Ländern mit territorialer Besteuerung mit Abstand erste Wahl – was nicht heißen muss, dass Sie hinterher das ganze Jahr in diesem Land verbringen müssen.

4. Schritt: Gründen Sie eine Gesellschaft in einem Drittland, das statt einer gewinnabhängigen Steuer nur eine Pauschale kassiert. Die Bedingung ist meistens, dass Sie mit dieser Firma im Land selbst nicht tätig werden. Günstige Länder für diesen Zweck sind etwa Delaware oder die Seychellen, seit Panama durch den Skandal um die »Panama Papers« international in Verruf gebracht wurde. Prüfen Sie vor der Entscheidung für einen Standort, wer Ihnen ein dazu passendes Firmenkonto eröffnet. Am besten sind die Chancen bei diversen Fintechs, wo sich die Situation aber oft ändert. Um Überraschungen vorzubeugen, sollten Sie immer über ein alternatives Zweitkonto verfügen, für den Fall, dass Ihre Online-Bank plötzlich seine Richtlinien ändert. Als sehr verlässlich hat sich bisher Wise.com erwiesen, von Paypal rate ich zu geschäftlichen Zwecken ab.

5. Schritt: Falls Sie über Vermögen verfügen, so sollten Sie es großteils aus Deutschland und dem Euroraum abziehen, zum Beispiel nach Liechtenstein. Je nach Höhe ist es sinnvoll, es auf verschiedene Länder, Banken und Währungen zu verteilen und einen Großteil in nicht beliebig vermehrbaren Sachwerten wie Gold, Silber,

Aktien, Auslands-Immobilien und, wenn Sie wollen, auch Kryptowährungen zu halten. Aus Haftungsgründen ist es sinnvoll, höhere Beträge nie in einem Land aufzubewahren, wo Sie leben oder unternehmerisch tätig sind.

An diesem Punkt sind Sie in der glücklichen Lage, dass Sie ein relativ selbstbestimmtes Leben ohne die in Europa zunehmende Überwachung führen und die Gewinne aus Ihren internationalen Unternehmen ohne Steuerabzug einstecken dürfen, ohne sich strafbar zu machen. Wo Sie dann den Großteil des Jahres und Ihres Lebens verbringen, ist reine Geschmacksache. Am Meer, in den Bergen, in einer Metropole oder auf dem Land: Sie leben da, wo es Ihnen am besten gefällt, und wo Sie sich das Leben leisten können. Es kann in dem Land sein, in dem Sie Ihren Wohnsitz haben, aber ebenso gut können Sie sich als Europäer zu Besuch irgendwo in der EU aufhalten. Da wird die Dauer eines Aufenthalts in der Praxis kaum mehr kontrolliert, und die Ein- und Ausreise werden nicht im Pass eingetragen. Wenn Sie freilich gegen kein Gesetz eines Landes verstoßen wollen, müssen Sie eben alle drei Monate eine kleine Reise machen und anschließend wieder in das Land ihrer Wahl zurückkehren. Den höchsten Lebensstandard erreichen Sie, wenn Sie Ihr Geld in einer harten Währung verdienen und selbst in einem preiswerten Land leben – womit wir wieder bei Asien und Südamerika sind.

Thailand, Kambodscha, Laos, die Philippinen – oder lieber Costa Rica, Panama, die Dominikanische Republik, Brasilien oder Argentinien? Wie gesagt, es ist Ihre Entscheidung! Vielleicht haben Sie sie ja längst getroffen. Wenn Sie ein Land vom Urlaub her lieben, ist der Hinweis angebracht, dass sich Leben und Urlaub im gleichen Land sehr unterschiedlich anfühlen können. Da hilft nur ausprobieren. Damit Sie so einen Versuch möglichst problemlos wieder abbrechen können, ist es sinnvoll, ein Haus oder eine Wohnung erstmal nur kurzfristig zu mieten. Falls Sie jetzt die Klassiker Kanada, Australien und Neuseeland vermissen: Ich selbst habe von diesen drei Ländern nie viel gehalten. In den USA ist der Bundesstaat entscheidend. Ich könnte mir gut vorstellen, einige Monate im Jahr im liberalen Florida zu verbringen, aber eben nur zu Besuch. Um eine Greencard sollten Sie sich nicht bemühen, denn die bringt auch allerlei Ärger mit sich, wie etwa die weltweite Steuerpflicht.

Das perfekte Land gibt es nicht. Das beste Land für Sie finden Sie, wenn Sie überall Vor- und Nachteile gegeneinander abwägen. Wer die Karibik und Mittelamerika liebt, muss mit tropischer Hitze und hoher Luftfeuchtigkeit zurechtkommen und wissen, dass dort ein Tag wie der andere ist. Um 6 Uhr geht die Sonne auf und um 18 Uhr unter. Bevor Sie sich für das oft überschätzte Costa Rica entscheiden, sehen Sie sich auch Panama an. Das landschaftlich faszinierende Nicaragua hat leider ein Diktatur-Problem unter dem früheren Sandinisten-Comandante Daniel Ortega.

Viele ziehen wegen der Jahreszeiten das südliche Südamerika vor. Dort gibt es den Staatenbund Mercosur mit ähnlichen Reisevorteilen wie in der EU. Wenn Sie also gerne in Argentinien, Brasilien (Nachteil: Portugiesisch statt der Weltsprache Spanisch) oder Uruguay leben würden, kann es trotzdem sinnvoll sein, Ihre Papiere der Einfachheit halber in Paraguay zu beantragen und sich als Besucher in Buenos Aires, Rio de Janeiro oder Montevideo aufzuhalten. Für Paraguay spricht neben minimaler Bürokratie und immer noch relativ niedriger Kosten auch die Tatsache, dass Sie als Bürger des Landes bei den dortigen Cooparativas Geld zu Zinsen über 10 Prozent anlegen können. Der geeignete Mann für die Aufenthaltspapiere ist Robert Schulze (www.paraguay-cedula.com), und wenn es um Immobilien und Beratung geht, ist Horst Deckert (www.zeitplaner.tv) ein guter Ansprechpartner.

Als Paraguay im Frühjahr 2022 fast drei Monate keine ungeimpften Ausländer ins Land ließ, entwickelte sich Nachbar Bolivien immer mehr zum Fluchtziel für Deutsche und Österreicher. Aber was tun, wenn Sie nicht so weit weg wollen? Ich denke, ich muss Ihnen hier nicht im Detail erklären, wie Sie von Deutschland nach Frankreich oder Spanien ziehen – was trotz EU-Zugehörigkeit doch ein großer Fortschritt sein kann, was Mentalität und Lebensart betrifft. Wer nicht einfach in ein wärmeres Land ziehen, sondern in seinem neuen Leben auch allerlei praktische Vorteile genießen will, der sollte sich, bevor er eine Entscheidung trifft, zwei recht preiswerte, unkomplizierte und überaus angenehme Länder ansehen, die eher wenige Auswanderer auf ihrem Radar haben: das vier Flugstunden entfernte Georgien, ein Land voller Lebensfreude, wo sich Besucher ein ganzes Jahr lang aufhalten dürfen, ohne sich um Papiere zu kümmern, und den türkischen Teil Zyperns. Der ist offiziell gar nicht als Land anerkannt, was den Menschen, die dort leben, allerlei praktische Vorteile verschafft. Gute Kontakte sind für Georgien der deutschsprachige Bauträger und Berater Giorgi Bejuashvili (bejuashvili1@gmail.com), der lange Zeit in Bonn lebte, sowie für Nordzypern Sandra Kilic aus Roth bei Nürnberg, die schon viele Jahre dort wohnt, mit einem Zypern-Türken verheiratet ist und in Girne ein Maklerbüro betreibt (zypernimmobilien.eu).

Der Journalist und Buchautor Norbert Bartl gilt als erfahrener Experte in Sachen Auswandern. Er ist Herausgeber und Chefredakteur des Newsletters »Leben im Ausland« (www.coin-sl.com/ausland) und Autor des erfolgreichen Ratgebers Richtig Auswandern und besser leben.

NACHWORT UND DANKSAGUNG

Kennen Sie die wichtigsten Artikel des Rheinischen Grundgesetzes? Sie lauten »Et is wie et is« (»Es ist, wie es ist«), »Et kütt wie es kütt« (»Es kommt, wie es kommt«) und »Et hätt noch immer juut jegange« (»Es ist noch immer gut gegangen«). In allen drei Artikeln spiegelt sich so etwas wie rheinischer Fatalismus wider. Und vielleicht ist es am Ende eines solchen Buches ja auch angebracht, die Situation für einen Moment von ihrer humorvollen Seite zu betrachten. Denn: »Humor ist die Höflichkeit der Verzweiflung«, wie es der französische Karikaturist und Cartoonist Chaval (eigentlich Yvan Francis Le Louam, 1915 bis 1968) einmal formulierte.

Kriege gehen zu Ende (und offenbaren meist erst dann ihren unglaublichen Wahnsinn), nach einer Rezession folgt wieder ein Aufschwung, die Inflation bleibt nicht auf Dauer und selbst hartnäckige Pandemien sind irgendwann Geschichte. Als das Manuskript für dieses Buch fertiggestellt wurde, spielte die Welt leider immer noch verrückt. Und Deutschland erlebte die höchste Geldwertvernichtung (gemeinhin »Inflation« genannt) seit vielen Jahrzehnten. Es ist also nach wie vor sinnvoller, gezielt vorzusorgen, als auf einen Deus ex Machina zu hoffen, der die Krisen mit einem Schlag lösen könnte. Den gibt es nicht. Daher ist der Inhalt dieses Buches von bleibender Aktualität. Die nächsten »schwarzen Schwäne« warten schon. Und die durch die Demografie verursachten Krisen werden uns vermutlich noch sehr viele Jahre begleiten, ebenso die Klimakrise. Krisen lassen sich jedoch nicht dadurch lösen, dass die Menschen ihre Köpfe in den Sand stecken, sondern dadurch, dass sie aktiv etwas unternehmen. Zum einen zur eigenen wirtschaftlichen Existenzsicherung (hierzu soll dieses Buch motivieren), zum anderen aber auch, um Krisen zu entschärfen, die unsere Gesellschaft bedrohen. Dazu kann sicher jeder nur einen kleinen Teil beitragen, aber die Summe kleiner Teile vermag einen beachtlichen Schub auszulösen.

Gestatten Sie mir, liebe Leserinnen und Leser, an dieser Stelle noch eine Danksagung.

Für das vorliegende Buch durfte ich nicht zuletzt auch auf das Know-how von Kollegen und Experten zurückgreifen, mit denen ich seit Jahren zusammenarbeite. Mit dem Mainzer Finanzstrategen Antonio Sommese von der Firma Sommese + Kollegen zum Beispiel habe ich schon so manche Publikation realisiert. Norbert Bartl, ein kenntnisreicher Globetrotter, gilt als Experte für alle Fragen rund ums Auswandern. Mit seinen sehr konkreten Anregungen hat nicht zuletzt mein Wiener Kollege Werner Reichel zu diesem Buch beigetragen. Ihnen allen gilt mein Dank für diese stets angenehme Zusammenarbeit, von deren Früchten Sie, wie ich hoffe, in besonderer Weise profitieren.

Ihnen allen wünsche ich, dass die in diesem Buch enthaltenen Empfehlungen und Praxis-Tipps dazu beitragen mögen, dass Sie eventuelle persönliche beziehungsweise wirtschaftliche Krisen optimal managen. Noch besser wäre es natürlich, Sie würden nie in eine der beschriebenen Krisen geraten.

EMPFEHLENSWERTE LITERATUR

Brückner, Michael: *50 Sachwerte, die Sie gut schlafen lassen*, München 2013

Brückner, Michael: *Praxishandbuch Immobilienerwerb*, München 2016

Eigner, Christian: *Private Altersvorsorge*, 9. komplett überarbeitete Auflage, Stiftung Warentest, Berlin 2020

Merschbacher, Adam: *Sicherheitsfibel*, Wiesbaden 2018

Sick, Helma und Schmidt, Renate: *Ein Mann ist keine Altersvorsorge*, 3. Auflage, München 2015

Sommese, Antonio und Brückner, Michael: *Alle reden vom Crash – Bleiben Sie cool!*, München 2020

ENDNOTEN

1 Quelle: Check-up, Kundeninformation Reichmuth & Co Privatbankiers, 9-2022

2 Brückner/Sommese: *Alle reden vom Cash – Bleiben Sie cool*, München 2021, S. 20

3 *The Case For a 100 Percent Gold Dollar*. Libertarian Review Press, Washington, DC 1974, und Mises Institute, Auburn, Ala 1991, 2005

4 Quelle: statista.com (Entwicklung der Inflationsraten seit 2010 in der Eurozone)

5 Eine allgemein gültige Definition des Begriffs »Hyperinflation« gibt es nicht. Im Allgemeinen spricht man aber ab Teuerungsraten von mehr als 50 Prozent von einer Hyperinflation. Insofern erlebt zum Beispiel die Türkei seit dem Jahr 2022 mit Inflationsraten von deutlich über 60 Prozent eine Hyperinflation.

6 Hans Fallada: *Wolf unter Wölfen*, 1937, 3. Edition, Aufbau Taschenbuch, 2011

7 Quelle: *Der Leitfaden für Ihr Vermögen*, Börsenverlag AG, Rosenheim 2022, S. 18

8 Quelle: Interbrand.com, Stand 5-2022

9 »Gold kaufen: So schützt Gold Ihr Geld vor der Inflation«, *manager magazin* (manager-magazin.de), veröffentlicht am 9. Februar 2022

10 Goldpreis: Aktueller Goldkurs für Gold, comdirect Informer

11 »Gold kaufen: So schützt Gold Ihr Geld vor der Inflation«, *manager magazin* (manager-magazin.de) veröffentlicht am 9. Februar 2022

12 Ebenda

13 Quelle: Volker Nied, *Vorbereitung auf den finalen Crash*, Rottenburg 2020, S. 99

14 RFID = Radio-Frequency Identifikation, funkgesteuerte Datenträger mit Silberantenne

15 Quelle: Hintergrundgespräch mit dem Autor im Juni 2022

16 https://www.deutsche-finanzagentur.de/de/private-anleger/bundeswertpapiere/inflationsindexiete-bundeswertpapiere/

17 https://ec.europa.eu/eurostat/de/web/hicp

18 Quelle: comdirect

19 https://www.wiwo.de/finanzen/geldanlage/pro-und-contra-aus-fuer-den-500-euro-schein-die-richtige-entscheidung/24260166.html

20 https://www.handelsblatt.com/finanzen/banken-versicherungen/banken/bargeld-corona-folgen-und-sprengungen-banken-bauen-immer-mehr-geldautomaten-ab-/26572290.html

21 https://www.betterthancash.org/why-digital-payments

22 https://www.stern.de/panorama/stern-crime/in-schweden-waechst-die-macht-der-gangs---fast-taeglich-eine-schiesserei-30654132.html

23 https://www.evz.de/finanzen-versicherungen/bargeld-obergrenze-in-der-eu.html

24 https://www.agenda-austria.at/geld-mit-ablaufdatum/

25 https://www.ecb.europa.eu/ecb/tasks/html/index.de.html

26 https://www.agenda-austria.at/geld-mit-ablaufdatum/

27 https://www.tt.com/artikel/30806672/digitaler-euro-wird-bargeld-nicht-ersetzen

28 https://www.tichyseinblick.de/daili-es-sentials/ueberwachungsbarometer/

29 https://kurier.at/wirtschaft/eurokrise-zyperns-banken-oeffnen-unter-polizeischutz-massenansturm-blieb-aus/6.868.307

30 https://www.rnd.de/digital/stoerung-bei-der-ec-kartenzahlung-was-kunden-wissen-muessen-AZBD2WFORZE37ITOYUHBDA2LLM.html

31 https://www.br.de/nachrichten/netzwelt/stoerung-bei-ec-karten-zahlung-was-tun,T6pvUBz

32 https://www.rnd.de/digital/stoerung-bei-der-ec-kartenzahlung-was-kunden-wissen-muessen-AZBD2WFORZE37ITOYUHBDA2LLM.html

33 https://www.oesterreich.gv.at/themen/gesundheit_und_notfaelle/katastrophenfaelle/1/Seite.29500329.html

34 https://noe.orf.at/stories/3084166/

35 https://www.tagesschau.de/wirtschaft/unternehmen/blackout-gefahr-risiko-deutschland-warnung-gdv-101.html

36 https://www.derstandard.at/story/2000136771897/nur-16-prozent-der-oesterreicher-haben-fuer-einen-blackout-vorgesorgt

37 https://gfkv.at/

38 https://www.nationalgeographic.de/umwelt/2021/11/blackout-was-passiert-wenn-nichts-mehr-geht

39 https://www.bundesheer.at/archiv/a2021/blackout/images/blackout_folder.pdf

40 Quelle: Statista Research, Stand 2022

41 Munich Re: Naturkatastrophe richtete 280 Milliarden Dollar Schaden an; Quelle: finanznachrichten.de, 10.01.2022

42 Siehe auch § 172 Abs. 2 Versicherungsvertragsgesetz (VVG)

43 Quellen: HUK24 Tarifrechner, Stand März 2022, www.finanztip.de/berufsunfaehigkeitsversicherung/

44 Quelle: www.finanztip.de/berufsunfaehigkeitsversicherung/

45 https://www.dieversicherer.de/versicherer/haus-garten/hochwasser-check

46 https://de.statista.com/statistik/daten/studie/6599/umfrage/vertragsbestand-der-rechtsschutzversicherung-seit-1990/

47 https://www.welt.de/gesundheit/psychologie/article106188957/Der-Querulant-und-sein-ganz-normaler-Wahnsinn.html

48 *Neue Zürcher Zeitung* vom 3. 2. 2022, Rudolf Hermann: »In Schweden grassiert das Leben auf Kredit«

49 Ebenda

50 https://de.statista.com/statistik/daten/studie/166338/umfrage/anzahl-der-schuldner-in-deutschland-seit-2004/

51 Quelle: TeamBank-Liquiditätsbarometer; befragt wurden 3.000 repräsentativ ausgewählte Bundesbürger.

52 https://www.freundin.de/diese-kleinigkeit-erspart-ihnen-das-fitnessstudio-freundin-de

53 Ben Tellings im Gespräch mit dem Autor

54 https://www.sfgate.com/news/article/influencers-lead-Gen-Z-into-debt-17142294.php

55 https://nymag.com/intelligencer/2022/05/buy-now-pay-later-is-coming-due-for-all-of-us.html

56 Siehe: https://www.caritas.de/hilfeundberatung/onlineberatung/anleitung

57 Quelle: www.solaranlagen-portal.com

58 Ebenda

59 Quelle: https://www.bmel.de/DE/themen/wald/holz/waerme-aus-holz.html

60 Quelle: https://www.kfw.de/inlandsfoerderung/Privatpersonen/Bestehende-Immobilie/Energieeffizient-sanieren/Ratgeber-Energiesparen/

61 https://www.businessinsider.de/wirtschaft/besorgniserregende-studie-viele-deutsche-haben-kaum-erspartes/

62 Quelle: Bundesanstalt für Arbeit, https://www.destatis.de/DE/Themen/Arbeit/Arbeitsmarkt/Glossar/arbeitslose.html#:~:text=Arbeitslose%20sind%20Arbeitsuchende%2C%20die%20vorübergehend,bei%20einer%20Agentur%20für%20Arbeit

63 https://www.destatis.de/DE/Presse/Pressemitteilungen/2021/08/PD21_380_73111.html

64 Quelle: Michael Brückner/Franz Lücke: *Immobilienkauf – so umgehen Sie die teuersten Fallen*, 4. Aufl. München 2007. Die Preise beziehen sich auf 2022.

65 https://www.bertelsmann-stiftung.de/fileadmin/files/BSt/Publikationen/GrauePublikationen/Entwicklung_der_Altersarmut_bis_2036.pdf

66 Helma Sick/Renate Schmidt: *Ein Mann ist keine Altersvorsorge*, München 2015, S. 125f.

67 www.gesundheitsforschung-bmbf.de/de/demenz-und-ihre-kosten-pflege-erfolgt-zunehmend-in-der-familie-3092.php#:~:text=Das%20Ergebnis%3A%20Die%20durchschnittlichen%20Kosten,Demenz%2C%20so%20Professor%20König

68 www.destatis.de/DE/Presse/Pressemitteilungen/2020/12/PD20_507_224.html;jsessionid=B3563E6DD087371D388CA9770A04069F.live731?nn=238640

69 Quelle: Statistische Bundesamt, Stand: Dezember 2019, insgesamt 4,1 Millionen Pflegebedürftige

70 https://www.iww.de/sr/elternunterhalt/unterhaltsberechnung-die-rolle-der-immobilie-als-schonvermoegen-f104233

71 Siehe: *Finanztest Pflege*, Mai 2022

72 Quelle: Bundesministerium für Gesundheit

73 Gabriela Keller: *Prepper. Bereit für den Untergang*, Berlin 2021, S. 233

74 Ebenda, S. 11

75 Lars Konarek: *Überleben in Krisen- und Katastrophenfällen*, Graz 2020, S. 231f.

76 https://finanzkun.de/de/artikel/die-kluegsten-verstecke-in-der-wohnung/

77 https://de.statista.com/statistik/daten/studie/76972/umfrage/zahl-der-auswanderer-aus-deutschland/